男人不想讓女人知道的38個秘密?

Man

李意昕◆著

序言　可愛的男人和裝傻的女人

妳是否有這樣的經歷，當妳的男友對你說：「我會給妳打電話！」，妳很可能會猜測他的意思是：我不願見妳，但我沒勇氣對妳說。不光是妳，可以說大多數女人就是這樣，對男人的話時常進行反覆琢磨，以至於她們時常得出男人自己想也沒有想過的答案。其實男人隨口說的話與女人們深入思考之間有著很大的差別，這些甜言蜜語只不過是源於片刻的好心情，而並不是周密的計畫。男人對妳的讚美是眞誠的，他們只是覺得想說這些話的時候才說出來的，他們說話的原意遠遠沒有妳們想像和猜測的那樣豐富，當他們說：「妳穿起這條裙子很好看」，意思並不是「我不喜歡妳先前穿的那條」。這就是所謂的「男人味」，妳只有深悟了男人、懂了男人，妳才能眞正地品位男人的味道。

據柏林社會學家貝納德・凱普夫的研究，男人用言辭打動女人，使其服從；女人

用言辭討好男人，維護關係。男人往往不願談個人問題，認爲這是軟弱的表現，正是這樣男人都喜歡保存秘密；女人對與伴侶相關的事感興趣，女人喜歡談問題，男人則喜歡解決問題。

社會學家認爲，當女人在工作中遇到難題時，她會找伴侶抱怨；而男人不愛談這類話題，男人喜歡獨自處理事情（這一點我會在「男人不肯問路」中談到），而女人卻要和他人一起來解決。上述差異存在於兩性交談之中，男人需要用時間來思考，而女人的抱怨和責備卻於事無補。作爲女人妳應該深知男人和妳們有很多的不同。作爲女人妳應該把心裡想的說出來，而不是靠「第六感」瞎猜男人、誤解男人。男人不同於女人，男人所想的當然也不等於女人所想的，可以說存在巨大的差異，妳必須承認，妳也必須懂得男人，這就是我寫這些文字的初衷和目的。

有人說：男人大多懶惰，沒有幾個能夠達到妳的衛生要求，這是事實只需認可；這是眞理不需宣傳；當然這也是男人所具有的不可否認的秘密和本質。男人大多懶惰，能明天寫的文章，決不今天寫；能不收拾房間，決不收拾，能不洗的襪子，決不洗。男人大都很驕傲，自以爲是一個什麼高等品種，天生是當領袖、當主管、當主任、當小組長的料，大小手下也得管幾個人，趾高氣昂，訓這唬那。最窩囊的男人，在單位一個人也管不了的男人，至少回家還可以訓訓他老婆。這就是男人！

也有人說：男人眼光都很高，看參考消息，看新聞聯播，關心世界局勢，關心月亮上、火星上發生的事，就連開計程車的男人，都愛沒事跟你談談政治話題，就好像他眞做得了這個國家的主。美國總統大選，選不出來他也跟著著急，你也許搞不明白一個開車的，美國誰當總統跟他有什麼關係。男人滿腦子不切實際的問題，阿拉法特最近又怎麼樣了，塞族武裝又和誰發生衝突，這些問題他們比自己家冰箱裡有幾枚雞蛋知道得還要清楚（對於這些我會在本書的「男人愛吹牛」中詳細論述）。

大家都知道，男人都想淩駕於女人之上，總想在各方面都比女人強，永遠喜歡站在自己身後的女人（對於這一點我會在「男人不喜歡太聰明的女人」一章中論述），當然，如果她是偉大的女人會更喜歡。希望自己比女人掙錢多，希望自己比女人名氣大。希望當主導者，希望作上司，希望受崇拜。男人都有皇帝般的夢想，佳麗三千，妻妾成群，想跟哪個好，就跟哪個好，可惜又沒那個身子骨。這就是男人！

男人大都喜歡孩子，見了鄰居家的小弟弟，總要粗起嗓門來冒充大叔，「叫我，

叫叔叔好」，或用下巴上的鬍鬚亂扎人家。人家小孩在他懷裡又哭又鬧，他反倒哈哈大笑，把孩子舉在空中，轉三圈才肯放下。

男人都以爲自己在女人眼裡特有魅力，說起從前，永遠都是被女人追的角色，「其實我不太願意，可那女孩對我情有獨鍾」，如果與女人分手，錯永遠都在對方。男人都很自戀，男人雖然不撒嬌，但骨子裡都渴望得到女人的誇獎。男人雖然表面上不在乎穿得好與壞，其實他們比女人更在意自己外出時的形象，隨時隨地都要擺出一個最佳姿態來吸引女人（男人都希望獲得崇拜，尤其是女人的崇拜）。

也常聽人說：男人好色，男人和男人在一起總在談論女人；男人貪吃，一般男人三天沒肉就覺得活不下去；男人渴望更換性伴侶；男人渴望流浪，渴望當大英雄；男人也情緒化，只是他們不擅表達；男人愛文學，大都是愛文學帶給他的那部分好處；男人愛體育，大都是愛體育帶給他的那部分話題；男人愛家，是愛家給他帶來的方便；男人愛情人，是愛婚姻之外的那份新鮮。情人一旦變成老婆，身上的保鮮膜立刻被撕去，變成了不新鮮的食品（男人的新鮮感）。

當然男人還有許許多多的壞毛病和惡習，比如大多數男人喜歡抽煙，男人抽煙，是一種逃世，是一種超脫，吞雲吐霧之時，精神飛離肉體，可以到達一個遙遠而又神秘的地方。男人比女人闡述能力要差，寫起東西來揪鬍子、摳腳丫，或者還要自摸兩下。女人卻天生的流暢和擅於表達，打開電腦坐在那裡行雲流水，並不像男人那樣一會兒要求喝咖啡，一會兒又要裸體寫作。

男人吃得多，掙錢卻不一定比女人多，因爲現在不再是掄鐵鍬出蠻力的時代了；男人應酬多，謊話也比女人說得要多些。女人有了外遇會感到不安，男人則感到分外自豪，除了瞞著他老婆，恨不得弄得全世界都知道了；男人討厭女人太能幹，處處逞能當女強人不夠小鳥依人；男人又討厭女人太不能幹，一天到晚伸手問他要錢，買條裙子要花三千，頭髮染黃又染黑，捲髮燙彎再拉直。(花這些冤枉錢在男人眼裡根本毫無意義)，這就是男人！

男人多少都有點哥們義氣，男人很容易受另一個男人的影響，人家成家，他就成家，人家有情人，他就覺得自己也不能閑著，好歹也得找一個。男人雖然很壞，但很可愛。男人縱然有一百條缺點，但那一件事總還是好的，無人能替代。這就是男人，缺點與優點各半的複合體！

親愛的讀者，妳是否常常聽人們說「女人的心大海裡的針」，其實，箇中道理是說，女人的心很神秘，想摸清它的眞諦比在大海中捕撈那樣一根丟失的繡花針還要難。聽起來不無道理，但是，妳可曾思考過「男人的心」，我要告訴妳的是「男人」的心，亦是大海裡的針……，而且這是一個波濤洶湧的大海，在這裡妳想找回那根丟失的針其實更難結果更具不可測……

人生之不易，做女人不易，做男人甚至更難，男人是這個世界上比痛苦的女人更痛苦的人。你需要瞭解男人，如果妳想做一名「成功」而出色的女人。好吧，咱們還是從本書開始。

本書立足於從男人的視角去觀察男性洞察男性，並從典型的個案中向你講解男性的可視外表背後的思考背景，教會妳懂得男人，以便現實而勞累的我們減少感情浪費增加生活幸福！我是一名樂觀主義者，我不喜歡欣賞所謂的淒慘而美麗的愛情故事，譬如梁祝、羅密歐與朱麗葉……我喜歡愛情的完美正像我每天早晨都渴望旭日東昇。所以，在這裡我要告訴妳男人的祕密，以幫助那些陷入迷茫而又在追尋生活價值和幸福的偉大的女性們……

目錄

一、男人喜歡看A片

在這裡讓我們先看一個眞實的故事吧！一個職業女性名叫靜然，28歲，是一名廣告從業人員，靜然在一家DM廣告公司上班，身爲美術總監的工作是很辛苦的。吳坤是靜然的客戶，靜然做好了平面創意後拿給他過目。他們的交往由此開始。

以後便是正常的約會。他們常常邊吃邊聊，從暢銷書到奧斯卡影片，從故宮到雪山。靜然感到鮮有的興奮。本以爲這個世界上的男人除了赤裸裸的身體，什麼都不需要，哪裡想到還有一個人可以跟她如此地心靈相通。

靜然的心變得很溫暖，一次週六出外郊遊，回到市內已是深夜，他說：「太晚了妳獨自回去我不放心，今天就住我那邊吧！別害怕，我們一人睡一間，我的修養難道妳還不放心嗎？」

那夜，靜然翻來覆去睡不著，他的磁場開始產生巨大的引力，靜然有些情不自禁了，便覺得已經到了時候，這個男人，應該是可以付出一切的對象。凌晨，靜然鼓起

勇氣，輕輕地走到他的門口，卻聽見裡面傳來曖昧的聲音，一些壓抑的呻吟，一些香豔的喘息。靜然的頭髮一下子全部豎了起來，猛地擰開門把，你猜靜然看見了什麼？

寂靜的電腦螢幕上兩個赤裸的男女正在誇張地進行一個高難度動作，而他戴著耳機，正在手忙腳亂地提褲子……

發生這種事情之後，你們還會繼續交往嗎？我的朋友，妳要知道男人喜歡看A片，正像我們兒時喜歡玩辦家家酒，明知它是假的，但是，他們還是樂此不疲……，妳是否對此大惑不解、對此抱怨沮喪，妳甚至鄙夷妳的男人觀賞A片，認爲那是下流，是低級趣味，我要說的是該是妳走進來的時候了，走進男人的內心裡，就在現在。

現實生活中有許多女人十分鄙夷男人觀賞A片的強烈興趣，彷佛經常、甚至偶爾觀看A片的男人，其靈魂已被大量污穢的情色影像所玷污，這種精神不潔的男人是天堂的拒絕往來客人，並且直覺地判定：男人看的A片越多，心理越是變態。

在許多女人的認知中：A片只是不斷重複無聊、噁心、赤裸裸、血淋淋的單調動作，只是一對或一堆寡廉鮮恥的男女，虛假地在鏡頭前扮演的生物性的欲望流露，而唯一的配樂，就只有女演員的一路哀嚎與男演員下流的嘶吼聲。女人無法理解何以男人會把毫無美感的A片當成「最佳運動或者什麼勵志歌劇」來觀賞，並且樂此不疲？

女人們要知道：不是每個男人都能幸運地找到性伴侶來滿足情欲！但男人的性欲望強烈又如波濤般陣陣不息，所以，召妓似乎成了孤獨男人的宣洩性欲的管道。不過，若經常性地以大量的金錢換取性欲的滿足，現實生活中沒有多少男人可以負擔。此外，在愛滋病蔓延快速的世紀之交，會讓男人嫖妓嫖得膽戰心驚，這種心理上的恐懼會提早讓男人的性功能邁入「半衰期」。

所以，最安全方式該找自己的左手和右手充當性伴侶。但是男人總不能天天躲在被窩蒙著頭，靠手動來解決性欲，那只會讓你的臂力增強、手指麻痹，這樣的宣洩不但太緩慢，也太過於單調而無趣乏味。因此給予適當的刺激，是自我了斷精蟲蠢動之必須。如此，還有什麼刺激比得上種影音皆備，動感十足的A片呢？

對有固定性伴侶的男人而言，因為有定期途徑，性欲可以獲得大部分的滿足，所以看A片的需求與衝動會比獨身的男人降低許多。不過，只要他們性功能尚屬正常，對觀賞A片的興致，仍舊是絲毫不減。這也是女人們經常在心中埋怨的一點：老娘都陪你上床了，還看什麼A片？

當我們觀看戲劇時，很容易將自己幻想成男女主角，於是我們會隨著劇情與場景的推移而有著喜怒哀樂的變化，這就是心理學上所謂的「投射作用」。所以當男人觀賞A片時，同樣會自然而然地將自己投射至影片中，於是藉著環肥燕瘦不同的A片，男人就等於浪蕩世界一周，在精神上的性經驗是繁華似錦的豐富美麗。於是，藉著這種幾近身歷其境的意淫，男人有了帝王般的三宮六院、數千妻妾之感覺，你叫男人怎麼放棄這種「天天開新」的刺激呢？

那麼爲何女性不喜歡看A片呢？其實男女的生理欲望應該是等量齊觀，照理說女人應該也是熱情擁護A片。但是因爲長久以來，A片的觀眾鎖定男性，所以一切的內容以挑起男性欲望、符合男性期望爲主，所以片中劇情與場景會讓男性熱血澎湃，卻讓女性倒盡胃口。比如說A片中女性的叫床聲可是驚天動地，彷彿慧星快撞上地球了，這是爲了讓男性在聽覺上有極致的享受，也滿足征服女性的欲望。但是許多女人對此深表不滿，認爲太過誇張虛誕，把女性矮化成擴音器似的渺小。不過女士們不用太過擔心，二十一世紀將是女性主義抬頭的時代，將來會有女性專用的A片出現，到時片中男人的叫床聲一定會讓妳們震耳欲聾，絕不會冷場。

根據文化人類學家莫理斯博士所著的《裸猿》之論述：「我們的窺淫活動從生物學的角度看是不正常的。但相對而言，它有益無害，因爲它不僅滿足了我們對性的好奇感，而且避免使人們捲入可能威脅配偶關係的婚外性關係。」所以看A片也是一個降低性張力與心理壓力的好辦法，更由於A片看多了，會讓男人提早有「過盡千帆」的心理作用，對性愛的好奇心與衝動會因大量的影像記憶而逐漸降低，如此出外偷吃的動機可以大幅抑制。

所以女人啊！不要再對男人看A片的行爲怒目而視，我們不敢要求妳們舉雙手贊成，但起碼不要刻意打壓好嗎？偶爾讓男人在A片的世界裡天馬行空地在這海市蜃樓遊蕩，紓解一下時時蠢動的荷爾蒙，排遣幾分現實生活中女人在床上百般刁難的遺憾，這樣總比男人眞的到外頭另闢新樂園好吧！我相信這一定是一個很好的選擇，妳難道不這樣認爲嗎？

一言以蔽之，妳（女人們）應該接受，至少是容忍他們這一看似下賤的A片行爲，請還他們（男人們）這一自由吧（要知道，他們即使有這一自由，但是也不一定會這樣做）！我堅信的是：開誠佈公地承認比掩蓋不住的秘密更健康……

二、男人都喜歡新鮮感，男人對新鮮感的依賴比女人更強烈……

男人喜歡嘗鮮、喜歡新鮮感？是的。就算他們嘴裡不這麼說，那麼他們一定是在撒謊，他的心裡一定會這麼想，而且他們的身體肯定是這麼反應的。

在一項探索男性性生理與心理之間的關係的研究中發現，男性與固定性伴侶相處時間的長短，以及更換性伴侶的頻率都會影響生殖能力。常與不同的對象發生性行爲以及較少和固定的性伴侶膩在一塊兒都會提高精子的數目。

在接受檢測的男性中，朝夕與固定性伴侶膩在一塊兒的男性，體內精子的數量大約是三十九億八千萬；而大約只花百分之五的時間陪固定性伴侶的男性，體內精子數卻高達七十一億二千萬，幾乎多了一倍。另外，只與固定性伴侶發生性行爲的男性體內的精子數目也明顯少於喜歡嘗鮮的男性。

男人是有著強烈的「新鮮感」追求的，比如對男人而言，即使身邊守著一位年輕美貌的嬌妻，有時候還是情不自禁地想接觸其他女性，男人這種與生俱來的強烈性衝動簡單地爲女方的外貌所左右。男人就是這麼在意女人的長相嗎？其實，答案是否定的，男人追求的不是女人簡單的外表，而是她那看似美麗的外表所能帶來的新鮮感，男人對於新鮮感的依賴甚至比女人更強烈。

日本轉型成功的女星飯島愛與《失樂園》小說的原著作者渡邊淳一，在某雜誌的安排下，做了一次趣味的對談，對於微妙的男女關係，渡邊淳一發人深省地說：「男人與女人不能靠得太近，但年輕的時候，我們卻迫不及待地想接近對方。」

轉型成功的飯島愛，如今不但是日本談話電視節目裡的主角，出書的反應也相當熱烈。她最新一期的談話主角邀請到渡邊淳一，從他的作家路聊起。剛放棄醫生事業，轉行寫作的渡邊淳一，也曾經歷過沒有自信的摸索期，曾跟銀座一位紅牌公關小姐同居。最後渡邊淳一腳踏兩條船，被女友發現而分手。飯島愛很納悶：「既然對方又愛你、又養你，爲什麼你會背叛她？」渡邊淳一說：「我不是討厭她，喜新厭舊是男人的本性，愛情的有效期限是半年，男人與女人眞的不能靠得太近。」

很多時候對男人而言最關鍵的往往是新鮮感，男人爲這種對新鮮感的渴望所驅使，有時雖然新結識的女性遠遠不及自己的妻子，但僅僅因爲她有未知性，所以極大地吸引了他們的注意力。雖然最終不見得發展到肉體關係，但是以此爲想像的題材，作一些白日夢，這對於在現實生活中的好男人而言也是常有的事。

所以不難理解，與和自己廝守在一起的妻子相比，賣淫女郎的肉體更富有新鮮感，容易讓男人得到滿足。既然男人的本性就是渴求未知的女性，那麼同樣是女人，倒不如找賣淫女郎之類的女性一樂來得更爲便捷。這樣妳也許就不會再爲男人的「尋妓」百思不得其解，難道晚上沒讓他滿足，我要告訴妳的是即使妳令他十分的滿足，男人在「新鮮感」的驅使下，很難保證他們不會犯錯！

那麼，男人的新鮮感爲什麼在與愛人的相處中與日俱減，下面我們先從戀人間新鮮感的喪失來進行分析，以達到「管中窺豹，可見一斑」之效，歸納起來大致與以下因素有關：

第一，感受性變化。即人對事物的感覺能力，會隨同一事物的連續出現而減弱。有這樣一位青年朋友，他初戀的女孩子擦了一種非常普通的香水，在他的單身宿舍裡睡了一晚上，香水味留在被子上，第二天，他聞到這種香水味，似乎感受到少女的體香仍在，這種感覺持續了近一個月。可是後來結婚後，他的妻子即使用高檔的法國香水，他一點也感受不到沁人心脾的香味了。這種心理正是一種「入芝蘭之室，久而不聞其香」的心理現象。

第二，隨著男女兩個人的相處時間越來越長，他們彼此的缺點暴露也隨之越來越徹底，彼此身上那過去心中的光環也就漸漸淡化，失去光環後，戀人的缺點暴露出來，也會使新鮮感喪失。或者戀人之間因故吵架而傷害對方的感情。

第三，在心理上戀人的價值被貶低。尊重、珍視，甚至崇拜對方是新鮮感存在必不可少的心理條件。如果在心理上貶低戀人的價值，那就會使新鮮感喪失，甚至使愛情出現危機。

第四，活動範圍狹小，生活單調也會導致新鮮感喪失。

第五，忙碌而煩瑣的現實生活也很容易是男人們喪失生活中的樂趣，其中當然也包括新鮮感。

第六，婚前發生性行爲，使雙方情感受到一點的傷害，從而使新鮮感喪失。

那麼，怎樣才能保持男人對你的新鮮感呢？找出了影響新鮮感的原因，就可以從以下幾個方面努力來儘量避免以上情況的發生。

第一，豐富自己的內心世界，不斷地充實自己，使自己保持高尚的情操、良好的氣質，勤奮刻苦、心胸開闊，要保持自己男人對妳某種神秘感並感覺妳很有內涵，也就是人們常常說的品位。

第二，珍視對方的感情和人格，珍惜愛情，它可以使妳獲得同樣的回報。同時，勇於改正自己的缺點，使自己變得更加完美。

第三，男性要保持男性氣質和特徵，女性要保持女性氣質和特徵。正是這種兩性的差異才使得男女雙方能保持更長時期的新鮮感。

這種提升新鮮感的方式很多，我在此不再一一列舉，也不可能窮盡這些方式，關鍵是妳在生活中一定要學會用眼睛去觀察世界、用心靈去體會生活，這也許就是你們夫妻生活中磨合的主要課題，妳發現了更多的方式，也就是你們離磨合期的屆滿更近了……

三、男人喜歡征服

男人喜歡征服，這其中當然包括「征服」女性。有一個事例，據悉二十多年來，美國西雅圖一位名叫戈德的藝術家，將女性身軀的形狀當作製造家具素材，將她們變成臺燈、書桌、餐桌，甚至於吊燈等藝術品。戈德稱，許多家具的設計靈感都來自女性的體態線條。在此我們也許不禁要問，這些體態線條能夠給人們帶來什麼呢？請妳別著急，慢慢地看下面的文章！

戈德表示，他在矯形醫生協助下製造一個特製乳膠身體模具，令到場的模特兒們長時間扭曲成「人肉沙發」，雖然要長時間擺著固定姿勢，但令戈德驚訝的是，許多女人非常樂意做家具，因爲她們喜歡被不同形狀的模具束縛的感覺。妳能想出這是爲什麼嗎？

戈德還說，男人天生具征服和控制欲，而女性是他們在世界上惟一不能完全征服

的生物，但是，他們一直疲於這麼做，所以他們喜歡看見女人動也不動地做人肉家具，而且女人是危險的生物，只有將她們變成家具，男人才有閒暇和完全的安全感。

在這裡還是讓我們來揭開男人的第三層面紗——男人的征服欲。男人有男人的驕傲，男人的驕傲就是爭強好勝。雖然衆多的女人在家中炒菜做飯，但全世界的烹調大師幾乎都是男人；雖然大部分女人經年累月都在縫縫補補，但是全世界的特級裁縫幾乎都是男人。在社會角色的分工中，男人總是扮演著強者，女人則是弱者。我在此必須解釋的是我不是大男人主義者，我的目的是讓妳更「懂」現實中的男人。

強者就要有強者的樣子，那麼強者的樣子是什麼呢？男人從歷史和現實中，體會到了要做強者就要征服。強者和弱者的本質區別就是征服與被征服的關係，此種關係強化了男人的心理，就形成了一種必須得到滿足的男人的征服欲。

男人有了征服欲，就要找尋征服的對象。無論是大男人還是小男人都有自己的征服對象。大男人征服世界，小男人征服自己，但不管是大男人還是小男人都需要征服女人。因爲無論是大男人還是小男人都離不開女人。不要以爲男人對漂亮女人都感興趣，其實他們感興趣的是征服的樂趣和自豪。一個男人擁有一個漂亮的女人無論如何都是值得驕傲的事情，因此，人們在看一個男人的能力的時候，多會把他身邊的女人當成一個重要的指標。

美國作家華爾特・湯恩指出：「征服女人，精明的男人無需花費任何錢財，笨拙的男人則靠金錢，最差的男人靠暴力。」爲什麼呢？因爲女人生來性格纖柔，彷彿「又柔又軟」的蠟燭，當女人傾心於一個男人的時候，這個男人「要把她捏成什麼樣子，就能捏成什麼樣子」。但是，一個平常的男人，要能夠得到女人的傾心，那就不是一件容易的事了。在日常生活中，我們不難看到男女交往的一幕幕情景——無不是男人先追女人，而一旦女人被男人「抓住」了之後，就反過來，女人要追男人了。由於追女人比被女人追的更應該有學問，所以，很多男人的心都是投注在前者，而對後者的思慮就顯得潦草了。一般而言，當男人和女人的交往被界定爲某種特定的單獨意義時，男人對女人的征服欲便隨之產生了。而女人假若對某一個男人已做出肉體爲代價的奉獻，她便不在意他的輕薄了。因爲她已經「將一切都交給了他」，只要他能接受，她終身依傍他也無怨無悔。女人一旦到了這種境地，她無疑便成了被男人征服的對象。但凡從男人追女人到女人追男人，也就是完成了男人征服女人的整個婚戀過程。這種

說法，恐怕套在任何一個社會制度的國家的民俗風情都能夠適用。

歸納起來，在「征服」女人方面，男人的方式大抵可分爲兩種：第一種是以感情征服；第二種是以非感情征服。男人利用情感征服女人多使用舌頭這種武器，因爲大多數的女人都喜歡甜言蜜語。人是高等動物，是善於思考和分析的。要完成任何一件事都是要透過大腦的思維。聰明的男人善於尋找「共同語言」的對話形式去感化女人，使女人在和他的談話中對他漸漸產生親密無間的信任感。這種談話的接觸無異是向女人撒下一張情網，讓女人心悅誠服地往網裡「鑽」。

古羅馬哲學家奧維德曾說過：「首先，你要堅信你鍾情的女子可以得手，你要取得她，只管佈下你的網就是了。假如女人不容納你的挑逗，春天會沒有鳥兒的歌聲，夏天會沒有蟬的叫聲，野兔會趕跑梅拿露絲的狗。當你以爲她還是不願意的時候，其實她的心中卻早已被你俘虜了，但只不過是暗暗的想你罷了……女人一貫是將她們的心情掩飾得很好的。」男人和女人相處時，男人通常扮演「先入爲主」的角色。男人也願意扮演這種角色，男人根據所相處的不同性格的女人制定相對的感化步驟，既要動之以情，曉之以理，又要讓女人在男人恰到好處的感情攻勢下解除防禦的武裝。

當然，這種解除武裝是她自覺的、主動的和下意識的，而不是漫不經心的、缺乏理念和理性所支配的。奧維德還曾指出，男人要在感情上征服女人，他應當不吝於「大膽地發誓，以此牽動一切的神祇來爲自己的誠懇作證，因爲牽動女人的最大征服力是誓言。」但是，誓言必須是眞心的，而不是虛情假意裝出來的，男人「演戲」的天分竟不如女人高超，虛情假意的「演戲」有失之矯揉造作，而且很容易被女人一眼看穿。男人一旦被女人看穿其虛假的一面，那麼，他在她面前曾經付出的一切努力就前功盡棄了。

男人透過感情的投注征服女人，這是接近兩性感情世界的最好的方法，也是女人最能接受的方法。當男人成功地征服了一個女人時，只要他不是出於虛情假意，那麼他同時也就成爲了被女人的情感所征服的對象，正所謂太太因服從而得到支配；丈夫因支配而淪爲服從。溫柔的征服是大多數男人採用的方法。還有另外的一種男人，不使用情感而用金錢或是暴力，這是男人征服女人最消極的一種手段。這種手段是不以感情投入作爲先決條件的。這種男人征服女人，僅僅出於某種欲望的需要。男人一旦征服女人的意念超乎了理性，便毫無感情而言，這類男人征服女人的方式充其量是金

錢和暴力兩種。以這種形式征服了女人的男人，更是不知感情爲何物。在他們眼裡以爲有錢什麼都可以買，何況一兩個女人。所以，一旦他們看上哪個女人並想擁有她時，就來征服她的虛榮心，孰知以金錢結合的男女，卻往往給婚姻埋下一顆不幸的苦果。因爲他們是沒有感情做基礎的。夫妻之間若沒有感情，一切都將成爲空話，夫妻關係也就名存實亡了。

男人以天下爲家，女人以家爲天下。一個女人如果以天下爲家就是卓越；一個男人如果以家爲天下則是他的無趣與無能，也是他的失職與瀆職。男人熱愛自己的事業，常常沉迷其間，其極端表現則是以事業爲生命，把事業作爲自己征服的對象，實際上就是在征服自己。因爲惟有如此，男人的生命才具有最大的活力與最燦爛的光輝。然而，當他的事業在某一天突然結束的時候，即使是取得了偉大的勝利，在短暫的歡呼之後，男人的生命也會因爲偉大才華的無從發揮而備感失落。

身爲卓越的軍事家，巴頓將軍在第二次世界大戰結束後，無仗可打了，很有過一番如此的感受，可惜的是他畢竟不能爲此製造一場戰爭。而在歷史上數不清的戰爭中，有些戰爭說不定就是有些將軍爲了滿足自己的征服欲而刻意發動的。我這樣說或許只是開個玩笑，不過它可能是眞的。

男人愛征服的特性在同性間的表現，你是否有這樣一個發現，男人們在比自己有錢的男人（或者較強實力的男人們）面前會表現得不自在，他們或多或少會有排斥之舉，前文曾說過，男人的本性乃是征服別人，這裡的別人當然也包括他們的同性——男人。那麼也就不難理解男人面對比自己強的男人所表現的排斥感了，因爲男人們潛意識裡的征服欲望，驅動著他們征服所有的人，所以當面對比自己強的男人的時候，弱勢的男人們就只剩下嫉妒和排斥了。下面我們認眞談談男人的征服欲衍生出的同性排斥感……

男人對比自己有錢的男人都有排斥感，甚至不光是有錢的，也可以說男人對比自己有優越感的任何人都有不可克服的排斥感和嫉妒心，只是在男人們之間表現得尤爲明顯罷了。還有一點値得一提的是就算男人們內心滿懷嫉妒和排斥，可是表面上會裝出不在乎以掩蓋之……

男人愛嫉妒，爲何又故作不愛嫉妒？

有很多人認爲，女人比男人嫉妒心重，不過並不盡然。雖然說「嫉妒」二字皆是

「女」字旁，但我覺得這些字很可能是男人造的。我更想表達的是，其實男人的嫉妒心一點也不比女人弱，所不同的是，女人的嫉妒往往是直接表現在外面，而男人往往是「明明心裡在嫉妒，臉上故作不嫉妒」。這是爲什麼呢?你一定想知道其中的原因!

其實道理很簡單，這是由於社會的風氣和觀念造成的。在男人充當主要勞動力的社會裡，無論東方、西方，普遍認爲男人不該嫉妒，嫉妒應該留給女人，否則就不是男子漢。想證明這一點也很容易。有一位女性人類文化學的學者曾經對南太平洋一個小島上的土人的生活文化做過二十五年的調查，在那裡，男人們吹笛子、跳舞、畫畫、雕刻，女人則耕田勞動養活男人。在那裡，男人們對周圍的人和事嫉妒心很重，而女人卻表現得十分豪爽大度。

嫉妒，嫉是嫉，妒是妒。嫉妒二字都用女字旁，中國古人發現，嫉妒的情緒變化表現最明顯的是女性，並不是說男人沒有嫉妒心，男人同樣愛嫉妒。凡是衆生都有嫉妒心，不過女性表現最顯著，嫉到了極點就生病，妒到了極點，人的心都死了，像塊石頭一樣。

我經常跟青年朋友說笑話，嫉妒心理哪裡沒有?女性最明顯，你到街上看看，一個女性在街上走，對面來了另一個女性，或者穿著比她漂亮、或者長得比她漂亮、或者手上拿名牌包包，她會斜起眼睛看，然後「啐」一聲（嫉妒）。街上走路的人比妳漂亮，和妳有什麼關係。她也看不慣，要嫉妒一下。女性類似這種心理可多了，或者某件事、或者某一點，人家只要有一點好處，她非嫉妒不可。

男性的嫉妒心似乎比女性好一點，其實一樣，但有所不同，在名利場中、在同事升遷的時候，或經理、老闆對某人好一點，無比的嫉妒，「他算什麼？啐！」就這麼一聲啐！嫉妒，被他們表達得非常完美……

嫉妒的心理也是與生俱來的，現象非常多。根據佛經，嫉妒的心理是由男身轉女身的基本業力，這種心理非常巧妙。大家自我檢示，小時候同班同學，字寫得比自己好、文章寫得比自己好、功課比自己強，你眞的佩服他嗎？你沒有討厭他嗎？不過你有個心理：「我自尊心很強！」、「我自尊心受了傷害！」，「什麼叫自尊心？是嫉妒，講好聽一點叫自尊心，所謂的自尊心就是嫉妒、就是排斥。爲什麼要自尊啊？以自己爲中心，自己吹噓自己。天大地大我大，月亮底下看自己，越看越偉大，那就叫自尊心！

男人的自尊心、小心眼、嫉妒心都不允許他看到比自己強的東西，即使看到了他也會選擇裝作沒看見。所以，請不要責怪你的男人、拿他和比他強的男人比對、因他的升遷除了差錯而怪他無能、說他沒有某某長得瀟灑，男人需要的是妳的尊重和認可，在妳的眼裡他應該是最偉大的，儘管他自己知道他不是……

一言以蔽之，男人與其說是在征服別人（包括他們的同性——男人），倒不如說是征服自己，他的每一步侵佔與掠奪，追根究底都是爲了滿足他那顆充滿征服欲望的心。妳也許可以征服一個男性，但是，需要一個前提，那就是妳也必須滿足男人那顆喜歡征服的心……

四、男人都愛吹牛，只是怕被指出來

男人大都喜歡吹牛，妳千萬不要戳破他們的這點小把戲，妳需要知道的是男人們的一些小笑話往往都是他們不辭勞苦地從搞笑網站上背來的，妳可不要眞的認爲他很幽默，他可是背得很辛苦的。他們這樣做無非是讓自己得到一點力量、找到一點「自信」，好繼續人生征程的拼搏。虛擬的成就感能讓他心情明朗起來，這難道不是好事嗎？

雖然有輕重的差別，但是，男人都具備「吹牛」的要素和天生的本領。其中的佼佼者，莫過於「吹牛男爵」的冒險故事。

「我在海裡游泳。突然間，有一條巨大的魚兒把我吞下肚裡，牠的胃袋又寬敞又黑暗。

我就在牠的肚子裡跳踢踏舞。如此一來，魚兒驚駭異常。牠向我投降，於是把我

吐了出來。」

此人心平氣和的說出「牛皮之語」。聽了他這番話，就連孩童也知道他是「吹」的。不過，像這個男爵一般的人，仍然大有人在。從美國回來的政治家，在機場被一群記者包圍時，擺出架子說：「眞想不到，我隨便吹噓幾句，國務卿就嚇住了，他很感動的要求跟我握手。」

男人爲何那麼喜歡吹牛呢？難道男人笨得不知道聽到的人會「戳破」牛皮？事實並非如此。男人都是由於「自我顯示欲」作祟，所以才喜歡吹牛。換句話說，在那一瞬間，想誇示自己的欲望，壓倒了「牛皮會被戳破」的判斷，使他陷入痳痺狀態。吹牛的男子，望著、聽著感歎的表情（事實上是發愣的表情），就會進入一種自我陶醉之境地。

對於吹牛包含自我陶醉的說法，也許有一些人會感到莫名其妙，甚至是懷疑，但是，一旦你明白吹牛時的心理狀態（具有爽快感，叫人感到激昂興奮。俗謂——叫人感到痛快的狀態。），你就會同意我的分析。除此之外，吹牛時，現實與幻想會混淆在一起，使當事人誤以爲是眞的，以致使他所說的話會增加幾分的逼眞。只要洞察這兩點，你就會恍然大悟。男人的吹牛內容有兩大類，一種像上述吹牛男爵一般，目的是要給聽到的人「意外感」，並且也喜歡看到聽者睜大眼睛，說上幾句「哇！」、「噢？」、「老天！」等的感歎詞。

從另一個方面來說，這種男性也是富有服務精神的人。因爲在沒有任何人要求之下，他可以對著一席人，滔滔不絕地談論個沒完，同時，他也具有旺盛的「獲得注意欲」。

總而言之，他只是千方百計的要周圍的人注意他罷了。例如在酒吧時，他也可以在陌生人面前胡謅一陣子，那些人聽後會對他說：「這些都是你胡謅出來的，對不對？」時，他不但不生氣，反而會莞爾一笑。

適逢祝賀或者撫慰的場面，喜歡以望重賢達的身分，拾一些他人的牙慧，以三寸爛不舌，說一些似曾聽過的大話之輩，也是屬於這一類的人。

在一般的情形上，「吹牛」可說是沒有惡意，也是無傷大雅的謊言。不過除此之外，還有一種有如上述的政治家似的，暗藏著自我宣傳之嫌的「吹牛」方式。這無非意圖「自我重新受到評價」，以便抬高自己的地位而已。這也許就是他吹牛的眞正心

意。確實是膚淺之舉，足以令人萌生「可憐又可悲」的念頭。不過叫此輩恰到好處的吹噓一下，也可以助長談話的興致。當他逐漸得意忘形，感到前後語句不能連貫時，難免也會露出馬腳。反過來說，絕對要克制自己，以免受到他的蠱惑。

「那時我正埋首於發明，有某位女性對我展開熱烈的愛情攻勢……不過，當時的我……。」諸如此類，藉用回憶式的告白型「吹牛」很可能會使妳上鉤，妳得特別注意。

諸如此類「吹牛」狂想曲的喇叭，有時還是會發出種種不同的音色。妳必須仔細的加以分辨。我要告訴妳的是幾乎所有的男人都喜歡忠於「吹牛」，也許妳要問男人爲什麼愛吹牛？

吹牛，說好聽點叫「神侃」，往往給人雲山霧罩一眼看透的感覺。對於生活在商業時代中的人而言無處不在，解除壓力的方法很多，對於男人而言，就是用語言卸除包袱，卸除社會和家庭對他們的期待與苛求；對於能力弱小的男人來說，吹牛是一種不可缺乏的麻醉品，正所謂人們常說之「嘴上痛快」。吹牛吹得得體還可以爲男人樹立一些自信、討回一些面子。如果我們承認這個社會是「男權社會」的話，那麼男人正面臨的挑戰就不止於官位的升遷、收入的多寡，還有女朋友或者妻子的耳邊絮語：你怎麼連某某都不如呢？給男人一點吹牛的權利吧！如此看來也不是什麼壞事……

吹牛者的基本特徵是熱情、嗓門洪亮、喜歡起鬨、具有較強的記憶力。吹牛者喜歡往人多的地方跑，再碰到能吹的話就欲罷不能，常常超越自己表達的範圍，於是語言過量，露出馬腳。往往有兩種風格的吹牛易占上風：一是邏輯嚴密，故事性強；一種是前言不搭後語，但表情眞摯（多見於酒喝過量後）。不信請細心觀察你身邊男人酒醉後的表現吧……

我們認為這些吹牛愛好者的心理動機大致有以下諸多方面：想向別人說明自己懂得多、見多識廣、知識豐富、認識的人多、朋友多、路子廣、有辦法、有能力……你要知道的是男人所謂的面子有時比金錢更重要，《水滸傳》中寫到武松上景陽岡打虎前有一段細節描寫：武松讀了印信榜文，方知山中有虎。欲待發步再回酒店裡來，尋思到：「我回去時，須吃他恥笑，不是好漢，難以轉去。」又想了一回，說道：「怕什麼！且只顧上去，看怎地！」這個武松明知山有虎，卻因上山前跟店老闆誇下海口，礙於面子，他選擇了繼續上山。作者從中不經意地解構了男人好面子的雙向性：其正

面是，武松在明知山有虎的情況下，爲了面子，性命也顧不了那麼多了，說明他把面子跟氣節看得比性命還要重要、值錢；其反面是，武松在明知山有虎的情況下，還要爲了面子，不管生命的危險，按照我們現代罵人的話是：你眞的犯賤！

的確，男人的面子很值錢，男人的面子容易犯賤。男人爲了面子寧願選擇死亡的例子有很多。古語中有句話：士可殺不可辱。在古代戰爭中，每位將士被俘虜後遭到敵人的戲弄時最喜歡說的正是「士可殺不可辱」。要麼你就殺了我，要麼就不要玩我。如果你玩我，那麼我活著沒面子，還不如死去。俘虜們爲了面子而選擇死亡，這種行爲是高貴的，比什麼都值錢。

項羽的烏江自刎也是一個很好的爲了面子而死的例子。他打了敗仗後跑到烏江，本來他是可以乘坐漁船逃回江東的，但他放棄了。因爲他覺得「無顏見江東父老」，結果他選擇了自刎。他的死成全了他的面子、成全了一代梟雄的氣節、成全了他名垂青史。

愛吹牛的男人，是十足愛面子的，在女人面前爲了表現自己，他一定會吹得天花亂墜，更有甚者是吹自己環遊世界時，在倫敦看到了凱旋門、在巴黎看到了自由女神雕像。對有識之士來說，此類男人是典型的爲了面子而「犯賤者」。

　　但是，話又說回來，這樣的吹牛活動（當然在此我不是指以上那些低俗而淺薄的爲了所謂的「面子」而做的活動，是指生活中健康而無傷大雅的「大話」）恰能滿足男人們的虛榮心，也就是所謂的「面子」，況且這樣的吹牛是不需要什麼費用和代價的。你說他們何樂而不爲呢?!男人碰在一起就是相互遞菸，當然還有茶水，都不費什麼錢，地點也往往不受限制，往地上一坐就開局。這時候男人冥冥中感到一種所謂發自肺腑的自在，這感覺有點像抽了「白粉」，心裡想什麼就說什麼。要說代價，就是在他們意識到自尊的時候心裡有些緊張。況且「吹牛不犯法，吹牛不納稅」已經深植於男人們的內心深處。

　　男人們喜歡吹牛，正像妳有事沒事喜歡照照鏡子一樣，如果妳試圖總是揭穿男人的吹牛，正如男人總在妳照鏡子的時候拿開妳的鏡子並說上一句「眞是臭美」，這時的妳會有什麼樣的感覺……

五、男人不喜歡女人比自己強

還是先從「第三類人」說開……

下面還是讓我們來聽聽來自一個「第三類人」的自述吧！

我一直認爲自己還算是個惹人喜愛的女孩子，愛說、愛笑、愛鬧、愛玩、愛打扮、愛漂亮，長這麼大，總有人誇我可愛，但是，自從兩年前我考上了博士班，與可愛就不得不離別了。的確，都是學歷惹的禍。因爲學歷，我和我的女同學立馬變得面目猙獰。據說早有這樣的說法：大學生是黃蓉，碩士生李莫愁，博士生滅絕師太，上滅下絕，夠狠！也罷了，尼姑還算是女的吧！總歸性別鮮明，後來就愈發恐怖，我們無端丟失了性別。

所謂女博士，高中裡早就有了最最權威也最最具體的學術界定：「世界上有三種人，一爲男人，二爲女人，三爲女博士。」據說後來爲了定義的正確和完整，又在前面加了個定語，「未婚」女博士。所以我就更慘了，占有了成爲第三種人的所有條件，也被迫開始了作爲第三種人無性別的全部生活……

如今，世人常常把女博士視爲「第三類人」，女碩士被描繪成徘徊於愛與不愛間的「邊緣群體」。她們的情感生活是否眞如世人所描繪的那樣糟糕與恐怖？爲什麼會有這種看法？帶著這一困惑，本著眞實瞭解當代女研究生情感生活這一目的，華東師範大學研究生會調研部日前圍繞愛情‧婚姻‧性三個方面，對上海市五所知名高校的六百六十二名在校女研究生（包括女碩士生和女博士生）進行了有關女研究生情感現狀的隨機調查。

在被調查對象中，女碩士占 92.7%，女博士占 7.3%‧94.1%的被調查者集中於二十～三十歲間，且以未婚者居多。

是「高學歷」導致了「情感空白」?!還是男強女弱的封建桎梏觀念所致？

鋪天蓋地的以愛情爲主色調的電視、電影乃至廣告讓時下的孩子日趨早熟，對隨處可見穿著校服拉著手的國中生、高中生而言，談戀愛早已如吃飯般平常。然而值得注意的是，本次調查中還存在著 23.7%的女研究生連一次戀愛也沒談過，這聽起來未

免使人覺得有點不可思議，但卻是個不爭的事實。

一直專注於學業，害怕談戀愛影響學業，想在工作後再談戀愛，本人要求太高，沒有遇到適合自己的人，是直接產生這一現象最主要的原因。很難想像，這些情感空白的女研究生，與社會上許多文化層次不高卻整天愛個不停的女孩間，竟能形成如此鮮明的對比。女研究生情感空白背後更深層的原因，恐怕還在於中國千年傳統觀念形成男強女弱的家庭模式，令許多男生對高學歷女生望而卻步。

29%的被調查者認爲女研究生難找男友正源於男生不喜歡比自己強的女生，實質是男性自卑心態在作怪。找一個學歷高於自己的女友或太太就是在不經意間找一個比自己更能攢錢的對象，畢竟學歷是謀求事業成功所不可缺的因素，這讓男人的臉面何存？要知道，男人素來被視爲家庭的支柱！男生不喜歡強於自己的女生是社會價值取向和輿論導向錯誤引導的惡果，於是學歷越高、越有才華的女生反而越高處不勝寒，感情生活一片空白。另一方面，大多數女研究生也深受上述傳統觀念的影響，總希望找一個比自己強的男友，導致學歷越高、選擇異性範圍越小的惡性循環。外加女性教育程度越高，越在意能否與對方形成心靈的契合，偏重尋求精神滿足遠甚於物質滿足，由此高不成低不就也是造成女研究生戀愛空白的一大深層原因。

◎是較高的「事業」和「愛情」預期使男人望而卻步?!

高學歷女性往往比低學歷女性更強調自己的經濟獨立性，不希望依賴男性；然而，身爲一名女性，她們也希望有人能與她們一同分享人生的喜怒哀樂，希望能經歷女性成長所必經的每一個時刻。能夠愛情、事業雙豐收是所有女研究生夢寐以求的，然而如何在兩者間形成一個良性的動態平衡實非易事。事實上，不僅是當代女研究生，每一位希望有所成就的職業婦女都無法忽視這一問題。

值得注意的是，競爭日益白熱化的社會始終存在著一條隱性的法則。那就是，女性如果想獲得與男性同等的成功，必須付出比男人更大的代價，有時甚至是以犧牲婚姻爲代價的。相反，一些年輕貌美吃青春飯的女性，小鳥依人抓住成功男士的心，生活省心又省力。兩者間形成的驚人對比，讓大多數女研究生在面對「做得好是否不如嫁得好」的提問時，顯得茫茫然。

客觀地說，能否擁有美滿的家庭生活仍然是這個社會衡量女性是否成功的一條決

定性準則。女人以家庭生活爲重的傳統觀念也依然左右著女研究生的思維模式和行爲方式。所有的一切使這個難題更趨複雜化、更令她們感到茫然不知所措。完美的人生固然在於魚和熊掌兩者得兼，但倘若必須二選一，她們是徹底回歸家庭還是徹底與家庭決裂，或是折衷而行，她們表現得極爲模稜兩可。

學歷與愛情本不應成爲矛盾，然而女研究生頭頂的智慧光環卻讓她們的愛情離她們越來越遠。毋庸置疑，男女間的情愫是一個關係女性與男性間永無休止的爭論、是一個人類永遠無法迴避的話題，而女性的高學歷似乎又讓這場爭論變得更爲混沌。男強女弱遭受陰盛陽衰的挑戰，必然觸及到兩性間最敏感的情感領域，女研究生的情感困惑恰巧體現了價值觀、倫理觀和文化觀在跨越傳統與現代的新陳代謝時所遭遇的迷茫。我們深信，女研究生的成才需要社會輿論的公正評述、需要社會對男性群體的正確疏導，更需要有愛的機會。

不論如何的爲這些所謂的「第三類人」叫不平，但是，有一點是可以得出的，就是男人不喜歡女人比自己強，所謂女強人，事業心強、自立能力強，有著獨特的個性，她們絕不依附於男子，甚至比許多男子還要略勝一籌；弱女子，柔弱、嬌憨，需要男子的呵護，男子寬闊的肩膀就是她們的保護傘。

男人們不想活在壓力之下，特別是比自己強的女人的壓力之下，這當然與男人的心理、生理特徵不無關係，也與「女子無才便是德」的封建遺毒不無關係。但是，男人不喜歡女人比自己強的這一事實將在很長一段時間記憶體內，你我暫時都無法改變……

男人一般不喜歡女老闆，當我們把女老闆形容爲「女強人」、「鐵女人」、「富婆」的時候，其實在潛意識裡是有某種異於常類的感覺，並且帶有可以覺察的貶義。我們能夠接受一個傳奇式的男老闆的故事，不管這種傳奇中有多少眞實的成分；但我們比較懷疑一個女老闆可以用同樣正當、誠實、道德、傳奇的方式實現的成功。在這裡我們其實在面對一個問題：人們對於接受一個女老闆已經準備了成熟而自然的心理了嗎？

對於女性站在商界巔峰的不適感由來已久。早在一九六五年《哈佛商業評論》進行的高級工商主管，其中三分之二的男性主管和五分之一的女性主管表示，在女老闆手下工作感到不舒服。而近期許多研究顯示，無論男女都並不傾向於接受女老闆的領

導，當然，特別以男人爲主流。

爲什麼不喜歡女老闆？下面是一些典型的原因表述：其中女人天生是被領導者?!更能印證本文的主題。但相當多的研究顯示，這些感覺並不能在具體的工作關係中得到證實。那麼爲什麼出現了這種相當普遍的對於女老闆的不利印象呢？首先是一種廣泛存在的社會偏見。接受女性領導在傳統的和依然普遍的男性主義文化中代表著一種「恥辱」；其次我們要注意到女老闆所在的領域。從行業上說，女性主管被認爲更適合擔任醫療保健、文化娛樂、科技研究、商業貿易等領域的工作；在組織內部，女性被認爲更適合作爲副手和中層管理者；在分工方面，女性被認爲更適合從事行政後勤，比如操作性和執行性的事務，可見，女人總是習慣於被安排在次要副手的位置上，男人不喜歡女老闆正是男人不喜歡比自己強的女人這一基本價值取向的具體化，不足爲奇！

德伯拉・泰能在《發言權：誰的話會被聽進去以及爲什麼》一書中還揭示了男女權威在發表自己觀點時的風格差異（但容易被他人認定爲是人格與行爲能力的差異），能夠部分地說明人們爲什麼容易對女老闆形成一些偏見。

◎女老闆的中性化有損形象？男人們多這樣認為

身為團隊成功的協調者和領導者，越來越需要老闆和主管們在自身的領導風格上塑造兩性均能接受的特點，這就是所謂的「中性化」。但是同一種社會行為卻有不同的社會反應，男老闆的「中性化」更多被人們解讀為一種褒義表現，而女老闆的「中性化」卻引發社會層面的反彈，因為它刺激到公衆心目中慣性化的理想女性形象（女子無才便是德的傳統認識）。

女性管理風格上具有的探究準備充分、對團隊感受敏感、強調授權清晰、講求溝通和對話、較少與團隊成員強勢爭奪利益等特點，使得女老闆有可能在不少方面比男老闆的優點更突出。由於女性領導者的成就可能要承受起比男性更多的挑戰與心理壓力，她們有可能具備更瞭解被領導者的心理條件。這就是為什麼，在實際生活中，一個職員接受一個女老闆領導所帶來的總體正面感受可能並不會比男老闆低。

六、男人不喜歡太聰明的女人

正像男人不喜歡比自己強的女人一樣，男人同樣不喜歡太聰明的女人！說實在的，男人絕對不會喜歡那種傻乎乎的女性，男人確實喜歡聰明的女人，可是他們又不喜歡女人太聰明，太聰明的女性總是讓男人們敬而遠之。男人都願意和聰明的女人打交道，但如果女人聰明到過於精明，那就會激起男人的反感。

告訴妳吧！這樣的女人其實是不聰明的：

1. **愛是不需要理由的**。「聰明女人」卻可以細數自己和一個男人在一起的種種原因：四成因爲可以被照顧，三成因爲金錢和物質，兩成因爲不甘寂寞，一成因爲對方是你。

2. **男人千篇一律地希望身邊有一位溫柔的女人相伴**。然而，每個聰明女人在心裡都有明確的尺碼，並且恪守原則，絕不對男人的過失或錯誤妥協。很多時候不夠溫柔。

3. **男人天生習慣撒謊**。女人永遠無法理解男人爲何喜歡打腫臉充胖子。聰明女人則似乎總能輕易察覺蛛絲馬跡，毫不留情的當場撕下其虛僞面孔，令男人顏面盡失。

聰明女人的清醒、精明、冷靜，滲透在生活的點點滴滴之中，不勝枚舉，不計其數，但是她們就是因爲太精明，絕不上當、絕不僞裝愚笨，所以很難圈住幸福。女人要適度的糊塗，不要斤斤計較，有的事明明心中了然，也要假裝糊塗，這才是眞正的聰明。聰明女人的過人之處也就是假裝糊塗，眞還用上了鄭板橋先生的那句「難得糊塗」了，太聰明對於女人來說並不是好事，我指的是那種表面上的過分聰明。總歸一句話：女人太聰明，男人沒有安全感；女人太不聰明，男人沒有成就感。男人喜歡「聰明」的女人。

大多數的男人都喜歡聰明智慧型的女孩。「聰明智慧」是什麼意思？就是他們希望妳最好是只稍微比他們「差一點兒」，這就是男人所要求女人的聰明智慧。

不知妳有沒有發覺，很多男人都喜歡「蠢女人」，尤其是那些身材好但腦筋遲鈍的女人特別受歡迎。於是，我便跑去問問艾迪。

「艾迪，你會否喜歡蠢女人？」

艾迪微笑著，然後回答說：「當然，哪個男人會喜歡自己的女人比自己聰明？」聰明能幹、開通西化如艾迪竟然也承認他也喜歡蠢女人，可見男人們眞的太沒有taste了。

「不過，」艾迪繼續說下去，「我們並非喜歡眞的蠢女人，而是假的蠢女人。」

「假的蠢女人？」

「對，意思是說：男人們喜歡的並不是蠢鈍如豬的女人，而是那些聰明得可以扮蠢的女人。」

艾迪續續說：「你試試弄一個奇蠢如豬的無腦女人來給一個說自己喜歡蠢女人的男人，我擔保他一定立即掉頭走。」

男人們喜歡的是本身聰明，但卻懂得在他們面前扮蠢的女人。男人最忌諱的是女人比自己明顯聰明，但卻不可以忍受眞的IQ零蛋的女人。他們要女人懂得在什麼時候聰明、什麼時候扮蠢——當然是在人前聰明，在自己面前則愚鈍啦！

兩人在爭執時，明知女方勝數大，但女方卻要在適當時候收口，讓男方贏了，這才是聰明女人的做法。自以爲聰明的女人則最易敗在這環節之上，因爲她們知道自己是聰明人，怎肯去扮蠢裝傻？她們有多棒就要表現出多棒的姿態來。

這樣做的女人雖然本身可能很能幹聰明，但卻非絕頂聰明。妳看聰明如黃蓉，當她要與郭靖決定事情之時，她還不是讓資質愚魯的郭靖做主？你看黃蓉對付別的男人不也是聰明絕頂，但她卻能放能收，知道在郭靖面前絕不可令他的男性尊嚴盡喪。對，就是男性尊嚴在作怪，女人們要對男性尊嚴極度注意，千萬不可以傷了它，也不可以踩扁它；相反，要小心翼翼的把它看護著、尊重著，這樣，男人的尊嚴才不會被女性的聰明比下去。所以，聰明的女人便要知道在什麼時候扮傻、扮蠢，好讓那個男人的尊嚴和自我立刻膨脹起來，遮蓋雙目，也遮蓋著腦袋，以爲女人本來就是那麼愚笨。

妳看，那男性的自尊開始抬起頭來了。可憐的女人，就是那樣戰戰兢兢的爲了保持男性脆弱的自尊，而要硬生生的把自己的優點壓下去。多少年來，女人就是被這樣逼著扮演第二性的角色，目的只是害怕摧毀男人以父系社會的尊嚴所建成的王國。

再舉一個例子，又是金庸小說中的例子。在《俠客行》中，梅芳姑問她所鍾情的男人石清他的妻子閔柔是否女紅、武功、學問樣樣皆精。石清說：「非也，反而是妳比她事事均勝。」芳姑大惑不解——既然自己各方面的條件都比閔柔爲佳，爲何石清

竟然會捨她而要其妻子？

答案是：石清說：「妳在各方面都十分優秀，甚至比我還要優秀，妳叫我在妳面前還有什麼男性的自尊？」芳姑終於在悟出此眞理後自殺身亡。

一言以蔽之，男人們不喜歡太聰明的女人，當然，這並不是說男人們喜歡「傻」女人，他們更不會喜歡「傻女人」，他們需要的是既「傻」又聰明的女人，其實妳是聰明的，但是在他們的面前看起來又很傻，「難得糊塗」的妳是他們眼中最可愛的……

◎附（妳看它們有無道理）：男人眼中的「太」女人

1. 太漂亮：紅顏易老、紅顏禍水、紅杏出牆，這都是男人形容美女的詞，串起來大意是——漂亮又怎麼樣，日子久了也會看厭，打打友誼賽沒關係，但擺在家裡多惹事啊！萬一弄頂大綠帽子……。
2. 太不漂亮：醜妻家中寶，不過只限於別人家中。
3. 太成功：成功男人背後的女人很偉大，成功女人背後的男人很渺小。
4. 太不成功：不能幫助男人成功，很可能是男人不成功的拖累。

5.太有學問：郎才女貌是經典，郎貌女才卻是笑話。
6.太沒學問：花瓶總是在有需要的地方出現，沒有誰想要把它固定下來。
7.太自力：男人最後的成就是養女人。有錢的男人，不需要妳自立，沒錢的男人，以養妳爲動力。
8.太不自力：男人也許願意養妳，但不願意養妳一輩子。
9.太有品位：女人有品位，男人是物品，女人太有品位，男人就成了次品。
10.太沒品位：顯得男人很沒品位。
11.太有主見：妳喜歡替男人做主，但是男人不喜歡被妳作踐。
12.太沒主見：誰都不願做被人瞎擺弄的盲公杖。
13.太性感：性感是蛋糕上的櫻桃，雖然充滿誘惑，卻不能當主食。
14.太不性感：沒有櫻桃的點綴，蛋糕就成了麵餅；
15.太有錢：騙妳好過娶妳，娶妳也是騙妳。
16.太沒錢：連騙妳的欲望都沒有。
17.太聰明：女人太聰明，男人沒有安全感。

18. 太不聰明：女人太不聰明，男人沒有成就感。
19. 太能幹：女人太能幹，男人什麼都不能做。
20. 太不能幹：女人太不能幹，男人做什麼都白做。
21. 太好強：女人太好強，男人沒有面子。
22. 太不好強：女人太不好強，兩個都沒面子。

七、男人很介意妳不是處女

如果妳問男人們找女朋友的條件是什麼，很多人會說，她必須是處女，這是必要但是非充分條件。不就一層膜嗎？他爲什麼會如此在意呢？他們難道腦筋出了問題？妳們也許要問。事出有因，問題的存在往往跟問題賴以存在的大環境有關！

「女子餓死是小，失節是大。」受幾千年封建文化的影響，長久以來，人們一直把「是否處女」作爲衡量一個女人是否好壞的重要尺規。如果是處女，這個女人就是貞節的、高尚的；反之，這個女人就是淫蕩的、墮落的、不乾淨的。在這種氛圍中成長的男人，他們會不介意妳不是處女嗎？還是讓我們先做一下男人處女情結的心理分析。

1. 人們一旦發現自己不是第一個，就會產生一種撿他人不要的「破爛」的感覺？

這關係到身爲男人的自尊，前面文章中也論述過面子（或者說是自尊）對於男

人的重要性，在此不再贅述。

2.男人都是好鬥的且比女人愛妒忌。這就促成了比女人更加強烈的「個人佔有欲」——不但要佔有這個女人的現在和未來，而且還想佔有她的過去。男性的獨佔欲望極強。假如目前她已是他的女朋友，但男人對眼前這種獨佔仍然會感到不足，就連她的「過去」也想據爲已有，即使明知這是不現實的事，也硬要如此，這種欲望如果達到惡性膨脹，在這個時候，男人只准她關懷他，最好絲毫不關心他以外的任何人。這種近乎變態心理所產生的結果，有時是很嚇人的。有很多男人就是這樣，對建立家庭之後生孩子感到很恐懼，他們認爲一旦有了孩子，妻子就會把大部分的感情轉移到孩子身上，這是他們不願見的。許多男人竟然認爲孩子是影響夫妻感情的「第三者」。由此可見，男人的佔有欲強烈到多麼驚人的程度。

3.就是一種普遍存在的戀愛獵奇心理。在這期間男人都認爲自己理所當然地應該知道戀人的過去。詢問一下，女方是不是良家婦女、小家碧玉。而且不厭其煩的問個沒完沒了，唯恐有些不愉快的事情帶來終生遺憾。

4.有很多男人對女人表示：「沒關係，我愛的是現在的妳，對妳的過去並不在乎。」其實，這完全是自欺欺人的謊言。男人永遠在乎女友的過去。許多男人認爲，探究女友的過去，是自己的一種權利，所以，他們百般盤問女人的過去而絲毫不覺得自己度量狹小，也不覺得難爲情，這樣的男人比比皆是。而女性則不同，她們只重視男朋友的現在和將來，對他們的過去，雖然也感興趣，但總不及男性那樣追根究底。她們或許這樣想：「就算他過去有過什麼風流軼事，把它掛在心上又能怎樣呢？還不是白費精神！」女人之所以能有這種寬容心理，主要是因爲社會對男人的寬容影響了她們。傳統的社會觀念對男人的要求不是那麼嚴格的，男人可以討幾房太太、可以上妓院、可以捧旦角，以致於女人對男人的風流只能睜一隻眼閉一隻眼，只求對自己好就心滿意足了。現代女人對男人的認識還留有過去的陰影，要說有進步，就是要求男性現在和將來安分守己一些，而對男人的過去，一般就不去追究了。而傳統社會對女人的要求卻嚴格到苛刻的程度，以致於到現在還有許多男人認爲自己有權知道情人的一切生活經歷。因此，我們經常可以看到這樣的現象：一個很好的女孩可以嫁

給一個過去很壞的男人，而一個男人卻不會娶一個過去很壞、而現在卻非常好的女人。這就是說，女性的「水性楊花」或不守規矩並沒有受到男人的寬容，男人的思想裡面藏著這樣一個爲社會公認的觀念：男人所娶的妻子必須在過去、

現在以至將來都是純潔的。

而現實中的男人們卻習以爲常地把是處女作爲對於女友過去「作爲」的唯一標準或者說主要的標準之一，他們又怎能不介意妳是否爲處女呢？

結婚和戀愛，都有順利和不順利的時候。和自己喜愛的人結婚後，卻發現對方並不適合自己，繼而產生厭惡感的例子屢見不鮮。不過從男人的角度而言，若能確定對方在和自己交往時還是一個處女，那麼今後他會一直認爲「她把自己的第一次奉獻給了我」，從而會對女友採取寬容的態度。說到這裡，話題得轉移一下。以前，在築波曾發生一起醫生殺害妻子的事件。關於作案的動機，很多人認爲是丈夫對妻子以往的異性關係過於憎惡引起的。醫生的妻子比醫生年紀略大，是一位風情萬種、富有魅力的女性，有著異常豐富的性經驗。最初，醫生爲其狂放不羈的性魅力所打動，但結婚之後，隨著口角的增多，妻子過去的異性交往史開始刺激著醫生的神經。醫生猜想：

妻子之所以如此富於性感，是因爲過去曾和形形色色的男人發生過性關係，而這些風流韻事至今仍在暗中作祟，以致於她根本不把我這個做丈夫的當一回事。

醫生還感到妻子在不斷地將他和其以前的男友們做比較，把他當作傻瓜耍。這種危險的情緒不斷積蓄，終於在某一天爆發了出來。如果女性在不經意中表露出使男性喪失性自尊的態度，那麼往往會使男人因此受到傷害，使他變得富於報復性，有的人甚至會訴諸暴力手段以圖發洩。在上述事件的背後，就有男人的這種複雜心理在興風作浪。男人之所以如此執拗於女性的貞操並反反覆覆地疑神疑鬼，是因爲男人的性行爲幾乎受情緒控制，並隨著本人的精神狀況波動不定。讓我們具體分析一下男性的性行爲過程。首先當女方拒絕與其進行性的交流時，他會感到十分焦躁。換句話說，當男方要求做愛，而女方只是作出某種程度的應允，或根本不予回應，那麼事情就無後文了。只要不訴諸強姦，那麼不論男方怎樣堅持要求，恐怕兩者之間的性行爲都不會順利發展下去。突破了第一個難關之後，男子面對的難題就是其武器能否順利進入戰鬥狀態。好不容易與心愛女子上了床，脫光了衣服馬上進入性交狀態，卻突然發現自己失去了戰鬥力的實例也不是沒有。男子一旦產生諸如「這女人該不會試過很多花樣

了吧！」或「也許她以前和比我更行的男人相愛過」或「會不會覺得我很笨拙無能」這類雜念，那麼他的身體便會自然而然地受這些強迫觀念影響而不聽使喚。毫無疑問，這對男人來說是最爲羞恥的場面，好不容易讓女方接受了自己，而自己卻無法做出相對的反應，這樣，男人的顏面將喪失殆盡，自己身爲雄性的能力亦會受到懷疑。而事情的結果往往又是這樣的：一次的失敗會招致今後一連串的失敗，從而形成惡性循環。如果對方是處女，即使失敗了，也無關緊要。因爲用不著擔心自己會被她和她以前的男友相比。隨便找一個諸如「今晚有點累了」或「稍微喝多了一點」之類的藉口，就可以搪塞過去。男人之所以注重處女性，也是因爲他們存有這種以備不測的安心感。男人喜歡舉止溫文爾雅的純情女性，不僅由於其優雅的氣質，而且還因爲內心有這樣一種期待：希望在共用床第之樂時，這樣的女子不會表現得過火。另外即使男人表現不佳，對方也不會口出怨言。

相反，若遇上經驗豐富、久戰沙場的女子，有的男人一開始便會充滿擔心，繼而因缺乏自信最終怯陣而逃。這或許僅僅緣於男人方面的主觀臆斷。不過，男人確實抱有這種恐懼感，擔心女性和某位男性發生關係後，她的身體上就會留下這名男子的痕跡，歷久不消。換一種說法，男人所擔心的是男女發生關係後，女子會成爲這個男子的私有財產，永遠不會忘記「那份溫存」，永遠對他懷著執著。中世紀的騎士出征之前，讓妻子戴上貞操帶，是爲了避免自己不在的時候，妻子和別人發生關係，否則的話，自己可算是丟盡顏面。男人在性愛中一般都採取主動，並以能給女方帶來快樂爲樂事。對男人而言，性的快樂不只在於射精那一剎那，開發自己所愛的女人的性敏感區，賜之以快感，使她成爲自己的俘虜，亦是一種難以名狀的快樂。總之，所謂男人是一種只有將女子引向性高潮後，自己　分享到眞正的性快感的、在性愛上貪得無厭、難以對付的生物。如果女人從其他男人那裡得到的快感大於自己所給予的，對男人而言，這無疑是一種重創。因爲它完全否定了迷戀於性的男人的存在價值。所以，對此感到不安的男人總是對女友的往事糾纏不清，希望婚姻伴侶從未被他人染指。他們努力尋找著依然保持著處女身的女子。到這裡，我們已瞭解到：所謂男人的處女情結，實際上跟男人們脆弱敏感的神經不無關係，它只不過是那些不成熟的、自我意識強烈的男人們一廂情願冀求的東西。

最近，在女性中，爲自己還是處女而感到很不自在的人開始增多起來，處女的價

值和以前相比下降了不少。雖然如此，只要男人的性能力依然波動不定，那麼不管別人怎樣提出諸如「對處女的過分推崇是男性社會的產物」之類的批判意見，處女情結也永遠不會消退，它將一直藏在男人的內心深處。

所以我要說的是：男人永遠不會喜歡可愛的妳不是處女，如果他們不那樣說我敢肯定地說他們是在撒謊，除非他們是所謂的聖人，但是現實中的聖人又幾乎不存在或者說根本就不存在。男人們喜歡的是「純潔」的女人，女人的貞潔像一個蘋果，當蘋果的皮被別人咬破，這個蘋果再「好吃、好看！」，自己也討厭去吃它。——這就是「男人的處女情結」！

大家都知道，妳不是處女，如果沒有意外的話，那一定是男人做的，但是，男人還是會很介意妳不是處女，至少妳沒讓他看到妳是處女。

八、男人最怕被拆穿

男人什麼都可以丟，而且幾乎什麼都不怕，但是只有一樣是他們不肯丟也是最怕丟，那就是——面子！記住：男人吹牛時妳絕不能拆穿；對於男人的「缺陷秘密」你應該裝作不知情，即使你是知道的，……所有一切都是爲了男人所謂「面子」的包裝，男人的生活一刻也離不開它（這珍貴無與倫比的面子）。

細細想來、慢慢品味，似乎有些人會認爲是以偏概全，但我認爲機率恐怕是在百分之九十九以上。男人丟了錢，可以大手一揮：「權當兄弟們吃一頓，丟了就丟了！」可是，論及面子就不一樣了。

有個「面子」崇尚者男人（不要說他是自戀狂，也許他就是）是這樣說的：

兒時，我並不遲鈍，甚至有些伶牙俐齒，可是爸媽讓我和人說話時，卻總是緘默，怕說錯話，面子薄如蟬翼；上學的時候，在小女生面前從不示弱，雖然很瘦小卻免不

了挨爸媽的揍，可是不能在黃毛丫頭面前丟了顏面；戀愛時節，手頭空空，囊中羞澀，就與同寢室的室友互換衣帽、鞋襪，以爲常常換新，把面子抹得帥呆；待爲人夫，與老婆走在街上，老婆面露怒色喋喋不休時，便會該出手時大出手，當衆「大丈夫」一下，哪怕回家關起門睡地板乃至於挨惡言之役、皮肉之苦，也不願大庭廣衆下放下面子；身爲人父，在孩子面前說錯話、念錯字，孩子一笑也不當回事，我卻臉頰緋紅，搜腸刮肚尋些典故把學富五車的面子掛在頭上；摯友來訪，本來就財政赤字屬貧困行列，卻也要雞、鴨、魚、肉、螃蟹一應俱全盛情一番，以樹起家庭中偉大丈夫掌權者的八面威風。

推己及人，扯開了往深裡想，便會發現，我等最怕丟面子的男人多多。就著蘿蔔乾、鹹菜悶幾口「老白乾」出門去，卻雲天霧海地吹：今天與某達官貴人共進晚餐，喝了茅臺、抽了中華。哇?!面子好大；爲討得「時髦面子」，雖是小市場上買回來的水貨，卻也還是挺起胸膛、目不斜視，比正宗還要正宗地扮酷；雖腰包癟虛，近乎窮困潦倒，卻愛聊血統中有幾多高貴，兄弟姐妹、三親六眷中誰誰留洋、誰誰，日元、美元到處撒；雖謀個小職，也要撈個官場子，手機、拷機、車子心往高檔想，人往高處攀，不管自己是否眞的該如此武裝抑或本官品所必需，也不管是哪裡來的民脂民膏，更不管背後納稅人冷冷的目光。烏紗帽的面子可不能遜色。

不講面子不合情理，男人當雄起。面子有時還眞給男人自加壓力獲得動力，讓男人們超凡脫俗，誠實而不虛僞，寬廣而不狹隘，高貴而不卑賤，因爲男人多自尊且人皆有之。但若是死要面子貪圖虛榮或功利，在光亮的面子上抹上一層黑，則是死要面子活受罪，有時還眞的就生出些事端來乃至受囹圄之苦，在怕丟面子死撐面子之中會大大的丟面子。無數個貪官污吏都是這樣。這實在是不可取。

男人最怕的是丟面子。不過丟與不丟、何時丟何時不丟也挺有講究。該丟面子就丟面子、該要面子就要面子，也才能眞的不丟面子。

據一項調查顯示：現在的都市女人用於美容的開支已經占了月收入的10%～15%。如果一個都市女人月收入三萬元，那麼她每月就有三千～四千五百元是消費在臉上的，也就是說，單單保養臉部，平均每天就要花去100～150元，女人的臉確實挺值錢。翻開現今的各類時尚雜誌，映入眼簾的是琳琅滿目的美容廣告，想想這份調查，妳就不難理解商家不惜血本做廣告了。女爲悅己者容，這在以前專指男女情感而言，現在就

不是這樣了，女人的臉不僅是給情人看的，更重要的是職場上的形象和愛美的要求，還有永保青春。翻開女人隨身攜帶的包包，裡面可以什麼也沒有，但化妝品是不能缺的，口紅、眉筆、小鏡子，至少這三樣一樣都不能少。說女人的臉武裝到牙齒絕不爲過，現在各類牙飾也是琳琅滿目，估計過不了多久，舌頭也會成爲美容師倡導美容新概念的又一戰場。

男人對臉就不這麼愛惜了，頂多是在冬天的時候抹點保濕霜。男人愛惜的是面子，所謂人家敬我一尺，我敬別人一丈，講的就是面子的事。北京男人是最會用語言給人面子的，不管相識不相識，他一開口就是「哥兒們」，更給面子的叫「爺」，敬人先嘴甜，很多人喜歡聽北京男人講話就。

男人和女人是兩種不同的動物，女人愛臉，男人愛面子，其實是一齣精彩的俠骨柔情戲，就是再過一萬年，也不會變的。

素以紳士風度見稱的倫敦男人，通常都是很有風度地先給別人面子，紳士嘛！總喜歡先做些姿態；而巴黎男人對面子的講究就多了些浪漫的味道，浪漫之都確實不是浪得虛名；紐約男人對面子的講究就複雜多了，完全秉承了美國移民國家的多重性格；

東京男人通常都是給人生硬刻板的印象，這似乎和他們傳統的武士道精神有關，所以東京男人不管給人面子還是得到面子，常常也是不苟言笑。

對於大多數男人而言，面子是比天、比地還要大的事。男人如果連面子都沒有了，還活個做什麼？男人愛面子，是衆人皆知的事實。男人們爲了保住自己的面子，最怕的是揭了他的底，還是再讓我們來聽聽一個「愛面子者」的痛苦遭遇吧！（爲了行文的方便故事中以第一人稱講述）

做人要面子，做男人就更要面子，誰說不是呢？就說我吧！其他方面都算不上強，只有一點，面子觀念超強，在別人面前總要裝一裝。可是讓我生氣的是，我老婆就是不配合，總讓我下不來台，好沒面子。

有一次，我帶著老婆跟幾個好久不見的哥兒們吃飯。酒到酣處，各自吹噓自己的生活如何舒適、事業如何輝煌，某人忽然提議打麻將，於是集體附和著要散席，摩拳擦掌準備開戰。我問：「你們打多大的？」一某人說：「算了，今天忘了帶信用卡（瞧！哥兒們都玩卡了），打小一點吧！一塊二塊怎麼樣？」

我錢包消瘦，別說一塊二塊，就連五角一塊都玩不起，但是我不能讓哥兒們知道，

面子重要。於是我說：「哎呀！那邊還有一群人等我玩五塊十塊呢！都說好了，我得趕過去，要不就三缺一了。」

哥兒們都對我肅然起敬：「還是你混得最好，發財可別忘了我們。」

「好說，好說，錢算什麼，感情第一嘛。」我一邊得意地許諾，一邊站起身來準備開溜。

如果此時我老婆能配合我一下，或者是乾脆別說話，我就很感激她了，可是她偏不。當著那麼多哥兒們的面，她「大義滅親」地揭了我的底：「我說你就別吹了，就你那一點薪資也敢玩五塊十塊的？上次玩小麻將你輸了十五塊錢，回到家還一直懺悔自己打丟一張牌錯過一把杠後花呢！」

眞是的，面子沒掙上，倒把我的裡子暴露在衆目睽睽之下，讓哥兒們嘲笑一頓，我簡直無地自容，看著老婆那張誠實嘴，我就有了上藥店買膏藥的念頭。

灰頭土臉地回到家裡，我生氣不理她，她跟沒事似的過來問我：「親愛的，你怎麼啦？」我沒好氣地說：「問我怎麼了，還不都是妳幹的好事，一點面子都不給我留，哼！」

老婆很驚訝地說：「喲！還爲剛才的事生氣嗎？我說的都是實話呀！有就有，沒有就沒有，死要面子活受罪，幹嘛呢？」

我說：「就算是這樣，那妳也沒必要當著大家的面揭我的底呀！妳這一說，把我的臉都丟光了，我以後在這群哥兒們當中還怎麼混？」

老婆振振有辭地反駁我：「我不當大家的面說清楚，萬一誰當眞了，三天兩頭讓你贊助點，難不成你還準備去借錢給自己撐面子嗎？你向別人借錢的時候又有沒有面子呢？我說了，你丟了面子，可是一『丟』永逸呀！」

妳也許會說男人們死要面子活受罪，但是，妳要知道沒有了面子男人就少了支撐，沒了動力，這是他們的精神支柱，如果把男人的全部比喻成一棟摩天大廈的話，那麼男人的面子（包括隱藏的不爲人知的秘密）就好像是它地下的堅實地基，你拆穿了它，大廈就會轟然倒塌。爲了男人的妳，請記住一點忠告，不要揭穿男人，男人最怕被揭穿……

九、男人心裡其實喜歡玩「暱稱」遊戲，但千萬別在公共場合叫他「傻豬豬」

男人和妳們一樣，他們有他們的脆弱，有時也很溫柔，只是他們把這些隱藏的更深、更嚴實罷了，他們就是不想暴露自己。一位社會學家說過：「男人就像一張紙，正面寫的是堅強與輝煌，背後寫的是奮鬥與痛苦。」就男人的健康狀況而言，其實也正像這張紙，表面看來光鮮豔麗、堅強無比，實際卻是在社會、家庭、事業等多重壓力的「壓迫」下，時時游走於健康和疾病的邊緣，稍不注意，就會爲疾病所困，所有的雄心壯志也就在與疾病的抗爭中消磨殆盡。往往直到這時，人們才眞正意識到健康離男人是何其遠，健康對於男人是多麼重要。男人堅強的外表背後是一顆脆弱的心，所以他們會時常從身邊的人那裡尋找慰藉，身爲他的女人，他更想從妳這裡獲得寧靜和滿足，只要妳給他，他就會爲妳做出妳所需要的一切。

暱稱聽上去好像只有女人才有的，其實男人的心裡也想要，暱稱能使他們暫時超脫現實的社會、煩躁的競爭和拼搏，暱稱能夠幫助他們建立心裡寧靜的港灣，這甚至比出去看場電影更能讓他們放鬆，暱稱並不是女人的專利品，男人是人，有其脆弱的一面，他們需要慰藉、安慰、超脫，甚至他們也想在妳面前撒撒嬌……

有一首歌寫得很好，歌名叫男人需要三分鐘的自由，歌詞大致是這樣說的：

站在大樓窗口　吹著風
有的時候孤獨　比擁抱更寬闊
我面對天空　等我轉身　繼續保持笑容
走進人聲沸騰　不打烊的週末
有的時候陌生　比關心更溫柔
我的心終於　開始解凍
每天追逐著世界　有時候只想按下　那暫停的按鈕
在我裝得太滿的心裡留一片地中海藍的天空　像一個出口
男人需要三分鐘的自由

鬆開了領口　呼吸著風
誰都不要在此刻想起我
休息一下是種小小的揮霍
男人需要三分鐘的自由
縱容了自己　醒著作夢
不傷感情的一個界外球
不如就慷慨的讓它飛　又何必追究

這個歌詞寫得確實不錯，很貼切，勞累的男人們，他們確實渴望自由，回到家的他們想拋棄工作中的一切，體味自由、盡情呼吸！此時的妳喊出他的暱稱，會給他無可名狀的快慰之感，甚至會向妳耍小孩脾氣，對親愛的妳撒嬌……

男人也想撒嬌，而妳的暱稱是他們撒嬌的催化劑。

人類發展到今天，在兩性方面日見出某些相近、相融的趨勢，比如男子留長髮，女子倒理了個小平頭；女人常著素裝，男人倒穿起了花襯衫；T恤與長褲是不分男女的，更有男人佩耳環、戴項鏈，再說撒嬌，以往是女人的專利，現在不少男人也撒嬌成性了。

在感情關係上，最有效的方法就是活用「痛症」，也就是男女互相修補關係最常用的撒嬌絕招。一句「我的心還在痛」、「被你弄傷的手還在痛」等等，可憐兮兮的樣子，可見猶憐的無言訴求，教人無法抗拒、爲你妥協！痛的表面資訊是靜態受傷，背後卻暗示「我是弱者」的主動柔攻，暗藏的指令是：「你要寵我」。以痛爲進，迂迴的弱者張力，浸染對方的潛意識，效應強如催眠。

徐志摩有句撒嬌經典：「別擰我，疼。」別小看這類肉麻痛症，情侶間就是越肉麻越受用、越老土越催情。想收復失地又不想太丟臉的修和方法就是撒嬌，那是兩個自我（ego）衝突後最好的調解虛位，讓強弱角色移位，卻保住彼此的面子。一句「我病了，我痛」，勾起對方的關懷，挽回破裂的關係。只要無傷大雅，兩口子私密調情的撒嬌話，通常是最有效的降溫藥。男性用這招挽回女方的心，絕對不弱於女性。只要男人稍現弱勢，女人的母性便再度啓動。一聲求寵的陰性呼喚，不論男女都會投降。總比繼續折磨好，以退爲進，才是實用的情感心理學。

對男人們的撒嬌傾向，女人們自然是拍手歡迎的，她們在男人的撒嬌中得到了極

大的滿足；身爲男人，我也是毫無保留地持肯定的態度。在情愛生活中，男人適時與適度的撒嬌，是有百益而無一害的。一般說來，女人心軟，情感執著，面對男人的撒嬌，女人會產生很大的快樂——這快樂源自於生命獲得了一種正合其天性的慰藉。在愛意融融的時候，撒嬌可以使男人憨態可掬、惹人喜愛。在雙方鬧起彆扭的時候，特別是在男人犯了錯的時候，撒嬌更是軟化矛盾、爭取主動的好方法；而女人心中的怨氣則會在男人的撒嬌面前，泄個精光。至少可以這麼說，男人時常撒嬌之所，一定是一個運轉正常的歡樂家庭。

仔細想來，男人的生命裡蘊含著很深的撒嬌基因。首先，撒嬌與小男孩的淘氣有異曲同工之妙，而男人都經歷過小男孩的階段，撒起嬌來，可謂無師自通。其次，撒嬌與幽默相距不遠，男人本是製造幽默的主體，大部分男人的撒嬌，也都是以幽默爲主要支架的。有道是：有情依舊眞豪傑，撒嬌還是男子漢。何況現在男子漢的內容與以往不同了，更多地注入了智慧、寬容、樂觀的成分，而男人的撒嬌，正是由智慧、樂觀與寬容構成的小小的結晶體。

但是，可愛的女人，値得說明的是，男人確實喜歡撒嬌，喜歡妳喊他們的暱稱，但是，妳要知道以上這些的完成都是在私下場合，而不是秘密進行的，男人是雙重的，在陽光下的他們與月光下的他們是嚴格的區別開來的，其原因可以界定爲多種：可能是男人的愛面子、可能是男人所謂的堅強，也可能是男人的征服欲……但是，無論如何，他們是絕對不喜歡妳公開的喊他們的暱稱（該暱稱也許他們十分的喜歡，那也不行），當然，他們也不會公開地向妳撒嬌，儘管他們在私下生活中常對妳這樣做。

所以，親愛的讀者、偉大的女性，男人有著充分的理由保持他們的兩面性，因爲他們是男人！爲了妳生活的幸福和寧靜，不妨在家庭生活中多給男人一些暱稱、多給他們搭建一些撒嬌的平臺，讓他們快樂盡情的撒嬌吧！私下家庭生活給予他們放鬆，公共場合給予他們「尊重」，這是一門可愛的藝術……

十、男人都喜歡被別人崇拜，尤其是被女人崇拜

男人們的征服欲、嫉妒心、面子狂等等一系列特性決定了他們是喜歡和希望被別人崇拜，無論達到與否，男人們都無時無刻爲著這個目標在努力在進取、大多男人們是喜歡炫耀的，妳要知道他們喜歡炫耀的目的是獲得崇拜，尤其是獲得女人的崇拜。

妳也許要說：「我喜歡踏實不炫耀的男人、我喜歡那種是全國十大傑出青年、我喜歡那種能夠帶我去全市最好的餐廳，可是他不會一邊吃一邊吹噓他知道全市最好的餐廳都有些什麼。如果在相處很久以後，突然發現，他原來是李嘉誠的兒子，我會覺得他太完美、太謙遜了；可是如果他一個月領三萬的薪資，告訴我他經常見『各大公司CEO、CTO』，我會作嘔，我覺得他比一個月領三千元薪資的男人還遜；最可怕的炫耀就是，他眞的什麼都不會，還喜歡吹牛充老大；明明沒錢還要裝富的有，一個喜歡吹噓的男人讓我作嘔，讓我遠離他。」

可是，在這裡我要告訴妳，炫耀是男人的本性。其實男人都愛表現、都愛吹牛炫耀，只是程度不同而已。他們需要的是獲得崇拜，尤其是女性的崇拜。李嘉誠的兒子不用說，人人都認識，所以，他根本沒有介紹自己的必要。全國十大傑出青年、高考狀元、奧賽金牌得主、國外名校全獎、北大畢業、大公司老總……這些事蹟其實也不用他們自己說，自然會有人幫他們說。因為一個人比較優秀的時候，他周圍的人以結交他為自豪，再也不吝嗇幫他吹噓……

如果一個男人混得好，自然有人幫他把他的resume昭告天下。所以，他們不提只是因為他們沒有炫耀的必要。然而，如果他們的確很有名，而妳不知道，也許他們還是會忍不住告訴妳他們的事蹟。因為炫耀是他們的本性。

還是來聽一個人的自述吧！妳也許更能瞭解和深省男人崇拜獲得欲。

浩南就碰到過一個男人（只是在街上被搭訕）。當時浩南是一個鄉下土包子，不認識紐約首富Donald Trump，也沒聽說過一些設計師，例如Michale Kors……然後他帶浩南去的飯店還是需要by guest's list（就是普通人平時根本進不不去的）。遺憾的

是，浩南也不知道 previously ，後來幾個在華爾街做投資銀行的朋友告訴浩南，他們幾次想去那裡吃飯都進不去（他們也算是社會上新貴），所以才對那個飯店刮目相看。原來他可能以爲帶浩南去那個飯店吃飯我會馬上會意，結果沒有。最後，這個男人在忍耐了很久以後終於受不了了。於是他拿出他和這些名流的合影，或者他們在路上碰到了這些名人點個頭打個招呼後，他告訴浩南他們是誰。他還拿出女朋友做 seventeen, vogue 雜誌封面這種事情跟浩南說。

所以，我要說的是，男人不管多有錢，始終改不了炫耀的本質，只是程度問題。

首先，原諒男人的炫耀吧！他們只是想獲得崇拜！注意我說的，如果你們關係已經比較穩定，他炫耀一下，還是要接受的，別跳出來戳破。當然，我的意思是，妳自己要定個標準，不切實際地牛皮或者令人做嘔的狐假虎威還是要堅決打擊。

其次，男人炫耀的時候是妳崇拜他的最佳時刻，不過現在所有的女人都知道男人喜歡被崇拜，而且知道這是沒有時代限制的顚仆不破的眞理。

可是，身爲新時代的女性，不時肉麻地說我好崇拜你噢！總覺得很勉強，也不符合大多數女性的個性。於是，在他適當炫耀自己的時候，是妳崇拜他的最好機會。不管他說的事情重要與否，就算他只是隨便說說，噢！我加薪兩千元。妳都要恭喜他！然後崇拜地說：「我老公好棒！」然後他肯定會謙虛：「其實沒什麼啦！大家都有調薪。」妳也要說：「妳能在這麼優秀的公司工作就不錯啊！別的公司都在裁員呢！最近經濟這麼蕭條。老公眞不容易！」拍馬屁平時可能拍在馬腿上，可是這個時候妳絕對是百拍百中。妳不要對他這麼一小點成績不在乎。這是他給妳崇拜的機會，一定要抓住。狠狠地拍得他受用無比。如果妳在這個時候打擊他，他可能再也無法與妳交心。事情嚴重得就像在他要高潮的時候打擊得他陽痿。還有値得一提的是，男人幾乎無一例外喜歡告訴你有女人追自己的故事。首先妳要明白，如果一個男人主動告訴妳有女人追他，他眞的只是要炫耀自己的魅力，而且他跟那個女人絕對沒有關係。如果那還是個過去式的女人，說不定他還會大方地告訴妳她是誰。

他如果眞的和外面的女人有關係，他可能會告訴妳他們公司有個男同事和女同事眞好，那個人怎麼那樣啊！無聊。所以，當他帶有得意色彩說有女人追他的時候，妳不要生氣，也不要急著追根究底。妳可以小小吃醋一下，然後很不以爲然地說：「噢！你好像很 popular 嘛！」然後裝做很受傷、怕他拋棄，或者直接拍他既帥又有魅力。

等拍馬結束以後，再開始妳的調查，效果絕對不錯。妳要知道，平時他肯定是不太願意告訴妳的，怕妳吃醋惹麻煩……最後，給他一個機會炫耀吧！也許妳們反感男人炫耀。可是換個想法，如果問他，你眞的拿過奧運會一百米欄金牌啊？然後他說是。這和他主動說了以後我們覺得他不謙虛就是兩個境界。

男人，特別是赤手打天下的，是很不容易。他們白手起家是他們很想拿出來炫耀的事情。可以說是他們最引以爲傲的事情。特別是對農村來的孩子，能夠在大城市裡當個處長之類，或者買車、購房，這都是他們眞的很在乎的事情。

就算妳不放在眼裡，不覺得有什麼。妳也瞭解一下他出身的環境，他競爭的對象。請瞭解他們，也瞭解這種不容易。男人是需要物質（和女人）證明自己的。所以，所謂的炫耀也只是他們宣告外界他們的資本、只是他們獲得崇拜的一種途徑、只是證明他們自己的一種方式。給他們機會很容易，主動問他一些問題就好了。就算妳已經知道他幼稚園時上過電視、中學的時候當過模範生，妳也不妨多問。

妳一定要給男人機會說說他們驕傲之事，就算他們平時再謙虛，都不會介意說上個半小時。妳趁機拍馬屁或者鞭策他，效果會很好。這比他們主動炫耀讓妳作嘔豈不是要舒坦多了？而他們呢？也找到了發洩的機會。你何樂而不爲呢？

值得提醒的是，大家要注意把握話題的時機，別眞的在他被裁員的時候說他過去成績，他會很反感的。因爲，這樣容易使他對自己的成績全盤否定起來……

最後的最後（LAST BUT NOT THE LEAST），我想在這裡提醒大家，這裡很多方法對妳的父親也是行之有效的，也許還包括我以後可能談到的話題。

爸爸上了年紀以後，多多和他一起回憶他年輕時候的壯舉。很容易讓他開心。爸爸也念舊嘛！現在時代發展很快，爸爸很快就不如我們了。可是不要讓爸爸覺得自卑，覺得他不如妳。多給爸爸一點炫耀的機會。爸爸當時怎麼考上大學的？爸爸怎麼能夠做這、做那？記得讓爸爸也有機會和妳說說話。就算這些事情爸爸他都說過很多次了，不妨讓他再說說。對男朋友（老公）如此盡心的同時，妳們也要記得對爸爸好。

男人喜歡被女人讚美和崇拜，妳也別辜負女人本能的善於甜言蜜語的才能。當妳覺得某位男同事表現突出時，大方地說出妳對他的肯定，「你眞行」、「令人難以置信」之類的讚美語句能給對方極大的激勵和勇氣，也容易突破對方的防線，贏得對方的友誼。

千萬別吝嗇讚美男人，男人認爲妳的讚美就是對他們的崇拜，男人在女人的恭維之後，將變得更具自信心、更樂意奉獻、更勇於付出。妳對他們評價越高，他們表現得越好，還會樂於爲你提供種種服務，例如開車送妳一程、幫妳拿資料等等，使妳在工作上增加一份動力。

虛心向男同事討教，也是提高男性尊嚴的好方法。期待每天可以向可能見面的人取經，即使是司機或下屬，對周圍的人保持高度興趣，製造對雙方互動有益的話題，男人絕對樂於爲妳解決任何問題。男人好強，喜歡扮演照顧他人的角色，當妳徵詢他們的意見時，他們會覺得自己受到關注、被他人需要、被他人敬重，於是也就非常樂於提供各種意見，而他們的建議往往很管用。

這種感覺，是男性彼此之間最難相互產生的。女人柔弱的特質，在男人眼中絕對是優點，而且也是督促他們努力表現的最佳動力。

十一、男人迷路也從不肯問路

男人總是相信自己的判斷力，旅途中的他們即使迷了路也不肯輕易的去向路人問路，他們有他們的執著、有他們的判斷，他們相信透過自己的努力一定能夠找到正確的方向，爲什麼？……對於他們來說問別人路簡直是讓他們丟面子的事，他們情願多走路，也絕對不會做……

男人們寧可繞路也不問路，男女談話方式有許多差別，而其中一個表現是在對於詢問的態度上。這一差別是由他們不同的心理出發點導致的，即看他們的心理傾向是著重地位還是著重關係。

首先讓我們來聽聽哈樂德和西比爾的故事，哈樂德在開車，西比爾坐在他旁邊直生氣，爲了找路，他們已經在街上兜了半小時的圈子了。哈樂德說他認得那條路，西比爾生氣倒並不是因爲哈樂德實際上並不清楚該怎麼走，而是因爲他堅持要自己去找，

始終不肯停下車來問問別人。她從自己的角度來看哈樂德的行爲：如果是她開車，一旦發現自己不知道該怎麼走，肯定會停下來問問別人。此刻本該舒舒服服地坐在朋友家的客廳裡了，而他們卻還在這裡兜圈子，眼看天色快要暗下來。對西比爾而言，不知道路就該問，總比打腫臉充胖子要強得多。而對哈樂德而言，自己開車找路是惟一的選擇，因爲開口求人是件令人難堪的事情。他不願跟自己過不去，他要維護自己的尊嚴。

爲什麼大多數男人不喜歡問路或問些別的事，而大多數女人卻樂意這麼做呢？這是因爲詢問和回答對看重獨立的男人和強調親近關係的女人而言，具有兩種不同的含義。

當你向別人提供資訊時，你擁有資訊而對方卻沒有，這一事實所傳達的言外之意是：你比對方更優越。擁有更多資訊的一方通常被認爲是勝人一籌的一方，因爲他更有知識、更有能力。從這個角度來看，堅持自己找路是保持獨立與自尊的體現。如果向別人問路是以犧牲自尊爲代價的，那麼哈樂德當然寧願自己多開幾分鐘的冤枉車了。

詢問事情所包含的言外之意很難用三言兩語說清楚。當西比爾一定要知道哈樂德爲什麼就是不肯問人時，哈樂德就事論事，他說問也沒用，因爲別人不一定知道，何況還有說錯方向的可能。但西比爾還是認爲哈樂德的解釋牽強附會。雖然她也承認有時候問到的路可能會是錯的，但這種情況畢竟不多，況且即使問到的路是錯的，那情況也不比他們現在的處境要差。

哈樂德和西比爾之間產生上述分歧的一個重要原因是，西比爾認爲，如果被問的一方不知道怎麼走，他會說：「我不知道。」而哈樂德認爲，回答別人「我不知道」太丟面子，因而被問的一方很可能會隨便指個方向。由於他們的設想不同，又不清楚彼此思想深處存在的分歧，因而對對方不滿。僅僅停留在表面意義上的談話是很容易進行的，但要解決由話語深層含義所造成的誤解就不容易了，因爲這牽涉到談話雙方各自的動機問題。

一方面，提供資訊或幫助，對接受資訊或幫助的一方有利，因而能增進雙方的關係。另一方面，提供資訊或幫助具有不對等性，它使雙方的地位出現高低之分：授方被認爲更有能力、更有知識，而受方則正好相反。因此，提供資訊或幫助等於將自己的地位向上提高了一步。很多時候資訊很重要也很必須，但是所有的一切和男人們的

自尊、面子比較，對於男人而言資訊的效用便失去了它們本有的價值，爲了自尊、面子男人們會把這些所謂的資訊詢問抛到九霄雲外去……

提供幫助的一方便是地位較高的一方，這種情況比比皆是。例如，父母給孩子解釋各種自然現象，回答他們提出的各式各樣的問題；老師向學生傳授各種知識等等。正因爲提供資訊和接受資訊具有一種潛在的不對等性，所以許多男人拒不接受別人尤其是女人給自己提供資訊，而許多女人也儘量注意不告訴別人尤其是男人自己所知道的情況。

例如，一位曾和我一起討論過這個問題的男子告訴我，我的看法幫助他明白了他妻子曾經說過的一句話。一次，他和妻子準備開車去一個地方，那個地方他不熟悉，而妻子卻非常熟悉。他沒有像以往那樣不管三七二十一開了車子就走，而是主動問妻子怎麼走最方便。妻子告訴了他路線，但緊接著又補充了一句：「我也不很清楚，我覺得這麼走比較好，也許還有別的更方便的路。」妻子這麼說，是想彌補一下她知道而他不知道的事給雙方心理上帶來的不平衡。同時，她也在給自己留點餘地，以防丈夫不採納她的意見。此外，她這麼說也是在暗示，她的話只是個建議，而不是命令。

提供和接受幫助所包含的不對等還體現在修理東西方面。一次，我的相機的電池外蓋打不開了，我便拿著相機去一家照相器材店。老闆先用一個一元硬幣試了試，然後又用一個專用的工具試了試，都沒能把蓋子打開。於是他告訴我，這蓋子是沒辦法打開了。他爲我解釋了原因（螺紋錯位了），還詳細地對我說不用閃光燈也能照相，只要根據膠捲盒裡的說明把光圈對準就行了。儘管我心裡明白自己是不會照他說的去做的，但我還是有禮貌地聽著，儘量使自己顯得很有興趣的樣子。他還告訴我，他教我的這種方法比用閃光燈的效果還好。這樣，他把自己沒能打開電池外蓋這一事實給淡化了，他使自己表現出有知識並能幫助我解決問題，儘管實際上他並沒修好我的相機。

這裡有一種社會默契在發揮著作用。許多女人不僅喜歡求人幫忙，而且覺得接受別人的幫助並說聲「謝謝」是件榮耀的事。而許多男人不管自己能否辦得到，都覺得幫助求助者是件光彩的事。有個男人曾告訴我，有一次，他的鄰居說自己的車老是拋錨，問他能不能幫忙修理。他花了很久時間檢查車子，最後發現自己沒有的工具。沒能幫上忙，他感到很不是滋味。鄰居似乎也覺察到這一點。第二天、第三天，她看見

他就對他說，自己的車果眞好些了。可是他心裡明白，自己沒幫上任何忙。求人幫忙與表示感激之間有一種平衡，女人和男人似乎都同樣受到這一平衡的制約：儘管他沒能幫上忙，她也一定得說聲「謝謝」；而他不管自己的時間和精力允許不允許，也得豁出去幫她的忙。

男人就是男人，寧可多走冤枉路，也不肯動一下嘴唇，妳懂了嗎？這就是「死要面子活受罪的」男人、這就是「愛面子」的男人、這就是「愛征服」的男人、這就是在妳看來有點虛僞、荒唐的男人……

十二、男人墮入愛河需要的時間較長，一旦墮入，會較女人愛得更深

男人就是這樣愛情火焰點燃的特別慢，但是，一旦被點燃，他將越燃越旺，勝過先被燃著的女人。他們總是對自己的感情思想保持沉默、朦朧，想和親愛的妳暫時保持適度的距離，他們想仔細看看妳、看清妳！一個成熟的男人要眞正的墜入愛河需要比女人更長的時間，妳不必爲深愛的男人點火太慢而傷心氣餒，只要妳是愛他的，而且他對妳亦是愛著的！別急於讓他來得那麼猛烈，他的火候需要時間的點燃，除了妳的愛之外。

既然男人如此善於隱藏他們的感情，因此女人常常不知道男人是已經墜入愛河，還是在逢場作戲。在問自己這個問題時，不要忘了最重要的一點：如果在相處很長時間的情況下，妳還不得不預測他是否愛妳，以免妳可能要勉強接受一個不太中意的男

人。

男人的愛來得慢並不等於沒有，親愛的讀者，妳可以從男人的點點滴滴的小事中洞察男人對妳的愛的深度和廣度。

男人們給我傳達的資訊是：男人爲女人做的小事，往往最能說明問題。

1.如果在星期一晚上，女人說：「我們可以做這件事嗎？」然後男人照著做了，那麼妳可以相信這個男人已經墜入愛河。當男人開始把女人放在比自己朋友更重要的位置時，說明他已經愛上妳了。

2.當他似乎有說不出的高興時、當他突然間眞正快樂起來，與往日有所不同時，當他突然間在家人和朋友面前表現得異常活躍時。」

3.當一個男人允許女人在家裡保存女性用品時，妳就知道這個男人陷得很深了。他會因爲有了女性化的室內格調而自豪，他會購買妳喜歡的家具、他還會允許妳把衛生護墊放在家裡。他希望妳介入自己的生活。

4.他將開始好好地照顧自己，並開始做長遠打算，包括經濟方面、身體方面以及其他各方面。

5.他會不厭其煩地爲妳做事、他會一路飛奔著去看妳。如果妳想吃東西，他會在午夜從床上爬起來，爲妳去買麵包。

6.除非是陷入瘋狂的情愛狀態，否則男人往往是變化無常的。如果他眞的想要一個女人，他就會對其他女人失去興趣，因爲他想和妳在一起。當他被一個女人深深吸引時，其他女人都不能構成威脅。如果他眞的陷得很深，那麼很多誘惑都會不攻自破。

7.當他時刻想著妳時、當他煞費苦心地爲妳做事時，或是當他想盡各種辦法取悅妳時。

8.突然之間，他覺得不必再去衆裡尋她千百度了。

9.當他願意做一些不符合自己本性的事情來取悅妳時，他就已經墜入愛河了。從前他可能從來沒有想過要孩子或是結婚，但對於這個女人，他願意做所有的一切。

開始的時候妳可能發現上述這些情形在你們相處過程中很少發生，對於這一點妳要有心理準備，正像前文所說的，你們開始相處，男人會表現得不那麼的衝動和富有愛的表現力，這是他們的朦朧對妳的試探期，他們在對面前的妳進行激烈的思想爭鬥，他們在尋求自己內心的確信，以求證自己是否愛妳，是否眞的愛上了妳，進而會繼續

驗證妳是否也愛著他，然後再思考這種愛的環境與現實可能性，記住！男人可是比女人理性許多，在此我指的是愛情方面！

但是，隨著你們的交往越深，妳的可愛在他心中的存儲也越來越多，男人的愛大多時候是在作繭自縛，他們爲了妳會這樣做，他們很樂意這樣！妳會發現我上述列舉的幾種情況的出現率會與日俱增，他們愛上了妳，而且比妳愛的還要深。戀愛中的男人是最傻的，請妳不要傷害他……

十三、男人喜歡高跟鞋

男人大都喜歡個子高女性，妳也許會認為這正是男人喜歡高跟鞋的最好理由，但是，這個理由還遠遠不夠……

女人始終都迷信三寸高跟鞋等於性感，難怪娛樂圈裡的衆多女星們，除了用高跟鞋來襯托自己的高眺和修長，更是拿來作為誘惑大衆的武器。不論是平凡女生抑或耀目女星，都愛以高跟鞋作秀，不枉費做一世的女人。這些女人的聰明之處在於她們很懂得男人，她們知道男人的喜好，男人愛高跟鞋……

穿高跟鞋的好處是多方面的。自從高跟鞋問世，它就一直倍受愛美女子的青睞，因為穿上它，就會昂首、挺胸、收腹，從審美的角度而言，穿上高跟鞋，可以突出女子雙乳和臀部的曲線，為人體增添美感，盡顯女性曲線。而這些也正是男人們所喜歡的所謂的性感特徵。女人或者說包括男人愛上高跟鞋，有很多理由。

1. **挺拔體態**：穿上高跟鞋，女人自然挺胸翹臀，胸部和臀部兩個性感部位得到充分展露。

2. **窈窕身材**：高跟鞋讓女人增高，便顯得身材美妙。

3. **美麗線條**：尤其是這一季流行的尖頭鞋，會更完美地塑造從小腿到腳尖的流暢線條，纖細而圓潤的感覺又有誰不喜愛？

4. **值得收藏**：比起厚厚重重的運動鞋、鬆鬆散散的休閒鞋來，高跟鞋無疑是鞋中的珍品，從鞋面到鞋跟，設計搶眼的配色和精細的做工，都勾起女人天生的戀物欲，男人們當然也不例外，妳收藏的珍品他們更樂於玩賞。

5. **塑造可愛腳趾**：夏天很多女孩子喜歡塗趾甲油，穿露出腳趾的細帶高跟涼鞋，更能強調女人的性感。

6. **表現儀態**：高跟鞋蓮步輕移，可彰顯出美麗身姿和完美儀態。

對於女性而言，高跟鞋有這麼多值得愛的理由，豈能不擁有它？對於男性而言，高跟鞋又能滿足他們對女性性感提升的要求，他們又怎能不喜歡，男人們固然喜歡個子高的女性，但是穿上高跟鞋的妳也許他們會更喜歡，也許儘管妳個子很高……

從生理學方面講高跟鞋同樣是不無裨益的。人類的足底是呈弓背向上的弓形，醫學上叫做足弓。足弓具有足夠的彈力，可保證人體直立時的穩定性，跳躍時有充分的彈性，走路時又可緩衝震盪以及保護足底部神經血管不受壓迫等多方面的作用。穿高跟鞋就有保護和維持足弓的作用，所以說，女青年穿高跟鞋是合乎生理要求的。

那麼，怎樣讓妳的高跟鞋發揮更大效用呢？高跟鞋應該如何與一身服飾搭配，才能出色呢？

選色彩，紅、黑、駝、金四色足矣，除了需要搭配特別的衣服外，這四種顏色已經可以打點一切了。

黑色：以最實用的色彩，爲腳下奠定一片穩穩江山。最必備鞋款當然是一雙春夏的黑色高跟涼鞋。

駝色：駝色是最基本的色彩，但它同時也是很摩登的顏色。而且，駝色在秋冬和春夏都有不俗的表現，根據不同的搭配也可以塑造出或摩登、或幹練、或文靜的氣質，可以自由穿梭於不同的時空。購入秋冬必備的駝色長靴，簡直是百搭之款。在春夏，一雙駝色的高跟涼鞋也是變化高手，搭配春夏時節米色、白色、卡其色等淺淡、輕盈

的色彩都非常自如。

紅色：看似突兀的紅色高跟鞋其實非常有「眼緣」，在一大片黑黑灰灰的鞋子中，色彩的出挑可以大大增加妳的漂亮指數。建議妳在冬天購入紅色的尖頭短靴，在夏季必備紅色的露趾高跟涼鞋，妳會發現，這兩雙鞋子會輕而易舉地爲你搞定很多時髦的搭配。

金色：潮流選擇。從這兩季的潮流來看，金色雖然不會在近期有突出表現，但仍然會持續流行，後勁無窮。一雙金色的高跟鞋是晚宴等正式場合不可或缺的點睛之筆，搭配黑色、紅色等基本色衣著都很出位，絕對會讓妳在一片黑鞋子中惹人注目。如果妳時常會參加一些這樣的場合，不妨投資在金色高跟鞋上，雖然價格不菲，但絕對物超所值。

看款式，重點推薦尖頭鞋，這是最炙手可熱的高跟鞋款，這種頭尖、跟細的高跟鞋將重新在時尚界刮起一股流行風。這種又尖又高的鞋看起來有點危險，但同時也確實魅力十足。如果想將它穿得搖曳生姿，恐怕還眞需要點本事！尖頭鞋的優點是有延伸腿部視覺效果的作用，再加上本季流行的時裝，如側開衩短裙或細管長褲，可以使身材比例拉長，有修長俐落的都市感。而缺點也很多，比如不太舒適，並且要身材纖瘦的人穿來才好看。

細帶露趾後空式：裸露的部分越多，時髦指數越高，這種前後均開放的設計非常適合觥籌交錯的夜晚，重點是腳面上的細帶越少越好。

腳面飾有交叉斜帶、**後包式高跟鞋**：彷彿芭蕾舞者一樣迷人，恰到好處的裸露讓優雅感倍增。

鞋尖和後跟均封閉式高跟鞋：如果沒有好好保養妳的足後跟和腳趾，妳可以把它們都藏在精緻的鞋子裡，露出一段宛如琴弦般優美的足弓。既有開放式鞋子的魅惑，又有全包式鞋子的安全感。注意一定選擇尖頭鞋，才能表達優雅、高貴感。

包頭、**裸跟式中跟鞋**：這是近年來非常時髦的款式，晚裝款式與中跟的結合不失優雅味道，而且它還可以在日間穿著。

綁帶式高跟鞋：這種款式非常特別，而且確實很美妙，但只適合小腿纖細的女子，否則容易有綁粽子之嫌。

想要成爲一個女人味十足的女性嗎？第一件事，穿上高跟鞋……

但是，話又說回來，任何事情都要講求度，高跟鞋也不例外，太高了就過了，下面我們談談鞋跟太高的害處：穿上高於五釐米的高跟鞋後，人體負重力線大大改變，骨盆前傾、腰部後仰。過度的腰部後伸背肌收縮繃緊，腰椎小關節和關節囊處於緊張狀態，長期下去，腰背肌容易發生腰肌勞損，引起腰痛。症狀持續一段時間後可以減輕以至消失，但常常再次發作，難以痊癒。另外，穿著高跟鞋後，身體重心前移，腳尖負重增大，將腳前部擠進錐形的窄小的鞋尖內，使雙腳備受折磨，容易誘發腳趾外翻、拇囊炎、錘狀趾、蹠骨頭缺血性壞等疾患。這些病變除了引起腳部疼痛、麻木等不適感覺外，也可透過反射機制涉及腰部，引起腰痛。

所以，自從高跟鞋發明以來，女性一直對它愛恨交織。愛的是它能使她們顯得挺拔自信；恨的是它讓她們的腳趾飽受其苦。不過一項最新研究發現，女性付出的這些代價是「物超所值」的：不管男性還是女性，都會對高個子女性產生良好的第一印象。

英國利物浦大學和蘭開夏大學的心理學家首次進行一項關於女性身高的研究。他們請來一百位年齡在十八～六十二歲之間的志願者，給他們觀看一組經過數位處理的女性照片。她們其中高個子的平均身高爲一七二米，矮個子的平均身高爲在一・五五米。研究人員請這些志願者對她們的第一印象評分。結果發現，他們都認爲個子高的女性更聰明、有主見、獨立，也更有抱負，所以也會更成功和富有。個子矮的女性則更適合做母親。此外這項研究還發現，腰圍與臀圍的黃金比例是七比十，符合這一比例的女性最有吸引力，也最聰明。

但個子高的女性千萬不要因此沾沾自喜。專門研究形象的心理學家羅斯・泰勒博士指出，個子高的女性的第一印象優勢最多持續三十秒，此後這一積極印象必須由她們的實際能力來支持，否則很快就會消退。

但是，話又說回來，對於男人而言，個子高的女性相較於個子矮的子女性還是有更強的吸引力，喜歡高跟鞋的妳一定會成爲男人們的首選目標……

十四、當男人說他不想結婚，他是絕對認眞的

時代在發展，社會在進步，但是，都市的男人似乎在婚姻問題上甚至有所倒退，都市男人不想結婚，反而熱中在愛情路上跑長跑……

馮先生和劉先生都是剛剛步入而立之年的上班族，馮先生一直像個長不大的孩子，整天出言必稱我們男孩子，而劉先生則不然，這幾天常常「哀歎」好日子要結束了，問及原因，劉先生的回答讓人啼笑皆非，原來他不開心的原因是這個月底他就要結婚了。

儘管已經年屆三十，但劉先生平素一直以男孩子自居。他說，他已經習慣了做「男孩子」時無拘無束的生活，從來沒有想過一旦結婚後，能不能一下子適應從「男孩子」到「一家之主」的角色轉換，若不是女友催得實在太急，他根本就不想結婚。

劉先生的苦惱事實上似乎也成了一些都市男性上班族的共同煩惱，一位記者與都市裡的十多位二十五歲以上的男性上班族進行了交談，他們幾乎都不假思索地告訴記者：「不想結婚。」一位姓方的先生還不加掩飾地說，爲了延續婚期，他幾乎已經對女友用盡了所有的理由。方先生說，他對婚期一拖再拖，並不是自己不愛女友，實在是因爲平時天馬行空慣了，一旦走進圍城，他擔心自己會受不了約束。而小張則直言不諱地說，他之所以不急著結婚或者說不急著確定終身伴侶，是因爲有人說愛情的「壽命」只有十八個月，如果和一個女孩子的愛情不到十八個月就出現低潮，那麼還怎麼能勉強自己和對方相知相守一輩子呢？所以他現在還處於「多項選擇」階段。

不想結婚這種觀念和行爲似乎已經成了現代話語裡的一個新的固定片語，記者在一家網站鍵入「不想結婚」進行搜索時，網上很快就出現了數以萬計的「不想結婚」。社會工作者王先生認爲，考慮到一般收入的都市男子往往急於把妻子娶回家，算是了結了一樁人生大事，而女子在確定了未婚夫後，大多比較熱中於和對方一起結婚後過兩人世界，因此，不想結婚一族中，應該以都市上班族男子占「主流」。他進而分析認爲，目前都市中大多上班族男子不想或者不急於結婚的原因無外乎以下兩點，一者

上班族男子不想過早地背負家庭的負擔，讓家庭約束自己的行爲；二者都市白領男子往往愛嘗試其他新的工作職位，跳槽現象比較普遍，而一些公司在用人（尤其是新招人員）時，比較注重對方是否結過婚，一個沒有結過婚的男子相較已婚男子更容易抓住機會。

男人不想結婚是有他們的理由的，最近網上對此歸納很多：一個男人不想結婚的三十個理由，妳可以相信也可以當這些是笑話，儘管它們看上去像是笑話，但是它們又不完全是笑話，信不信全由你：

1. 他們不想在看球賽時，被一個婦女「死皮賴臉」地強迫著去看「流星花園」；
2. 不想每月都要把剛發的薪水藏一些在辦公室的抽屜裡；
3. 不想在星期天被一個女人押著去她老爸老媽家裡，做那些老倆口做不來的粗笨工作；
4. 不想因爲腳沒洗乾淨，就被一個女人要求重洗，否則請你去客廳睡沙發；
5. 不想上街時剛看了兩眼美媚，就被人狠踩一腳；
6. 不想因爲隨口說了她今天的菜不好吃，她就三天不再煮飯；

7.不想因爲忘記了一個女人的生日，她一週都對你不理不睬；
8.不想一個人的薪水，被兩個人甚至三個人花掉；
9.不想在星期天睡懶覺時，被一個女人拉起來去百貨公司買打折商品；
10.不想陪一個女人逛了幾次商場，自己就破了產；
11.不想因爲有個聲音柔美的女同事打了通電話到家裡，就被一個女人審查盤問到深夜；
12.不想有一個女人，經常神經質地纏著你問：「你究竟愛不愛我？」；
13.不想在喝茶時，被打手機查問，你還必須耐心而溫柔地向她解釋，你現在在某茶樓，而不是夜總會；
14.不想被一個女人經常打擊你的自尊，說你不如張三會掙錢、不如李四會操持家務、不如王五幽默；
15.不想剛過四十歲時，就悄悄吃補腎的東西；
16.不想在朋友約你出去喝酒時，迫於一個女人的壓力，不得不撒謊說你要加班，事實上，只是有一堆衣服要你去洗；

17. 不想因爲回家晚了，就被人關在門外，還要對鄰居說：「哎！忘了帶鑰匙了。」；

18. 不想在一個女人做了一個新髮型或穿了一個新衣服時，違心地說：「漂亮極了！」；

19. 不想偶爾瀟灑一次，比如買一個名牌打火機或吃了一頓大餐，便有一個女人在你耳邊嘮叨：「這日子咋過喲！」；

20. 不想有人老是藉幫你洗衣服的機會，名正言順地搜你口袋；

21. 不想有人老惦記著怎樣打開你的抽屜和電子信箱；

22. 不想因爲在夢裡無意中喊出了另一個女人的名字，就有人負氣回了娘家，害得你吃了近一週的速食麵；

23. 不想每次鬥嘴後，都是自己先妥協、先認錯，即使自己很無辜，但太太永遠是正確的；

24. 不想有人數落你過年時送給你父母的禮物比給她父母的禮物值錢；

25. 不想給自己的母親找一個打冷戰和持久戰的對手；

26.不想每次出差回來，總有人用懷疑和不安的眼神審視你；
27.不想因爲沒調薪和升職，便被一個女人貶爲「窩囊廢」；
28.不想因爲沒去找和孩子打架的孩子的家長理論，就被人懷疑「你是不是男人？」；
29.不想在上網聊天時，背後總有一雙憂鬱而警戒的眼睛，或者有人經常把登了網戀悲劇故事的雜誌遞給你看，並意味深長地說：「網路是個陷阱哦！」；
30.不想在寫類似於上面這樣的文字時，被一個女人揪著耳朵斥責：「我爲你付出了這麼多，你還如此不滿足！」；

如此列舉勿說三十就是三百也不可窮盡，一言以蔽之，沒到一定的火候男人們會對渴望結婚的妳說出：「親愛的，今天我不想結婚」不要以爲男人是不愛妳，或者是不認眞的說出這些話的，他們是認眞的！而且是絕對的認眞！

十五、男人永遠玩不厭

是男人都貪玩，貪玩的男人，永遠玩不厭！男人貪玩，是不證自明的事情。我從小到大，只見過玩不到的，沒見過不要玩的男人。男人們的玩法也可以說是與時俱進、緊跟時代的步伐！還是跟隨一個老者的回憶，來探討男人的貪玩本性與成長路程吧！

（以下是一個老者的人生歷程回憶，主要談的是貪玩的男人的故事）

過去的玩，花不了多少錢。連環畫大師賀友直，六十年前愛去遊樂場玩，因爲只須買張門票，裡面樣樣都有。四十年前的男人玩的有：滾鐵圈、陀螺、飛香煙牌子、賭香煙殼子、跳山羊、鬥雞、捉人、捉蟋蟀、知了、天牛、金烏蟲、皮蟲、刮刮片、玩彈弓（這可是闖禍的東西，家長最怕）、打彈珠（玻璃彩珠）、打康樂球、下棋（軍棋、跳棋、鬥獸棋、象棋、五子棋、圍棋）、玩撲克（杜洛克、爭上游、抽烏龜、吹牛皮、四十分）、踢足球、游泳、掰手腕……林林總總，不可盡述。女孩稍微單調點，不外是跳橡皮筋、跳繩、抓麻將牌。有些不要錢，還有的本小利大，區區一物，玩得盡興。男孩玩起來，賭博總要試一試的，輸了要麼給人家兩顆玻璃彈珠、三張香煙牌子，要麼被人彈兩下耳朵或刮一把鼻子，本錢是現成的。說明一下，刮鼻子論把，勝者右手一屈，從小指開始，五根手指依次在對方鼻樑鼻尖弧形蹭過；蹭到最後的那拇指，必須刮出個人風格，或者一挑、或者一撳、或者一彈、或者一揉，反正越輕佻越好，充分顯示勝者的優越感與想像力。

除此以外，就我而言，像姜文《陽光燦爛的日子》中拍的，做過「萬能鑰匙」，愛爬屋頂。當然也打架，互有勝負，打得堂堂正正，用摔跤而不是拳打腳踢，挑勾、窩勾、背包、掃堂腿，屁股著地就算輸了，三盤兩勝或五盤三勝，極少鼻青臉腫。那時節，男孩崇尚的是二頭肌、三頭肌和「三角身胚」。不必上學，空閒時間多多，精力旺盛無處發洩，多有練舉重摔跤的。舉重並沒有杠鈴，用的是石擔，就是兩塊水泥坨穿一根偷來的鐵棍。練習時如果還能穿一條大紅燈籠褲，踩一雙白塑膠底黑布面的鬆緊鞋，手腕上貼一到兩塊傷筋膏，就是最酷的扮相了。文雅點的事情也做，學過吹口琴，看石人望先生的書一吹一吸地自學，磨破兩邊嘴角後可以成調，吹笛子不成調。

口哨也吹過，但「流氓兮兮」的，不好意思在人家面前、尤其在姑娘面前賣弄。新的玩法層出不窮，最歎爲觀止的是，有一陣時興舌頭一彈，一點唾沫飛出老遠。我苦練此技，不僅要射程，還有準頭。學有所成後，跟擅長此道的同學一語不合，站開五尺，彈舌決鬥。班主任乃一老婦，撞見，厲聲呵斥，她說唾液是人的精神，怎好揮霍？我少不更事，自以爲聰明，反詰老師：「我給妳精神妳要嗎？」班主任頓時愣住。那時倒眞不會耍流氓，只想把班主任鎮住。老師氣得發抖。現在想想，眞是罪過！

那種不倫不類的玩法的戛然而止，主要是因爲人長大了，初識廉恥，知道讓姑娘們看了不雅。女性眞是男人上進的原動力。

長大之後，玩的東西就單調多了，也煞有其事多了。值得一提的是打過氣槍，瞄的是青黴素瓶子，一槍一個，應聲而破，碎片四濺，心裡好爽。後來還在靶場放過眞槍，那東西比較嚇人，不好玩。我愛爬山和游泳，走過半個中國和一丁點外國，等到雙腿不俐落了便逐一放棄了。許多同輩打麻將，我不會也不學，免得人家找我。我還不會跳舞，原想留著舞場的貞節將來和女兒跳一跳，現在也跳不成了。打過一回保齡球、打過一回高爾夫，都沒什麼意思。年輕時候通宵沖洗底片、放大照片，第二天去討好女性，妳看、妳看、妳多好看，現在往沖洗店一送了之。過去年底做賀卡，之後買賀卡重新塡詞，現在只發千篇一律的E-mail了，一項祝詞抄送衆人，意思到了。人家炒股票、買彩票，我一票不買，心裡清靜。小時候到長風公園划船，蕩起雙槳，追逐前船，現在看到摩托艇也懶懶的。比較好玩的是卡丁車，超車、超車、超車！可惜不能常常去開。至於成功男士們熱中的洗桑拿、洗腳，一次都沒去過，其間的那些不足爲外人道的玩法，更加無緣了。人人知道，當賈寶玉不容易，要當西門慶也不容易啊！倒也不是標榜高潔，而是不光命賤又聯想豐富，想到佳人一刻鐘前還抱著別人的臭腳臭什麼的東西公然發嗲發力，心裡就覺得怪。

我今天玩最多的，也就是到網上看點西洋鏡。每天關心一點和自己其實沒直接關係的事情。有人發給我好看好玩的小東西又唱又跳的，我順手再發給別人。本來還在網上沒日沒夜下棋，因而百興俱廢，遂把軟體都刪了。本來還玩點電腦遊戲，現在除了應兒子之邀和他一起打打潛艇、吃吃豆子、殺殺老鼠，獨自也不玩了。原來當了近兩年的bbs版主，生殺予奪，義正詞嚴，沐猴而冠，後來一咬牙辭了、戒了。當然，我也做點小事情，比如把家人的老照片掃描進電腦，把早先女友寫給我的軟語好言掃

進電腦，刻上光碟，讓她重溫自己的青春。我已老也，身體欠缺，最大的動作是，拄著枴杖和兒子踢球。我站在書房門口，讓他射門。他長大之後才會恍然大悟，這個門口有他老爸的兩條腿加兩支枴杖，怎麼還能進球呢？

兒子認眞地對我說：「老爸，你不是老，是腿不好。」我像中老年女性聽到誇自己年輕一樣高興。我無法和他說，老爸眞是老了，但在心裡玩弄一切。

對這位老者的陳述，親愛的女士，妳能得出什麼道理嗎？有時男人確實很天眞，像個永遠長不大的孩子一樣，他們好像僅知道玩，而且百玩不厭，白天、黑夜，有時甚至要求妳陪他玩，直到他們盡興，這不是他們的自私，而是他們的本性，他們只是在完成他們的本能……

十六、男人不是任何時候都只想要性，他也和妳一樣需要愛

男人確實不能沒有性，但是，他和妳（女人們）一樣，他也很需要愛，而且，不能沒有愛，他需要妳的安慰、妳的溫柔。男子漢，大丈夫，有淚不輕彈！千百年來這句讓男人多少有點悲壯而又自豪的話，不知道讓男人吃了多少苦、受了多少委屈。在此我不想說男人在外面怎麼樣艱辛，也不說男人要比女人多付出多少，只想說男人也需要關懷和愛。

累了的男人也需要關懷，比如妻子一句輕輕的問候，就可以讓男人疲憊的心情頃刻間消失，隨之而來的是一種幸福的感覺。有時，男人就像一個大孩子，需要哄上一哄，他也有撒嬌的毛病。

男人和女人一樣愛說反話，妳問他：「累了嗎？」他哪怕走不動了也會說：「不

累。」因爲他怕失去他在妳心中的地位。妳問他：「要嗎？」他會說：「不要！」其實，此刻他心理已經溫暖無比。

男人也有想傾訴的時候。在公司和同事發生了點衝突、生意上不是很順利，或者社交上有了什麼不愉快，他也想找妳傾訴。可是，想到自己是男子漢大丈夫，有淚不輕彈這句話，他就只好吸菸或者藉酒消愁！如果細心的妳發現了，會怎麼說？女人多數會說：「你少喝酒不要吸菸，你怎麼就是不聽?!」此時的男人心都快碎了！

男人也需要關懷和愛，可是男人給人的感覺永遠是付出。女人需要一個肩膀，男人就要給她一個肩膀；女人需要面子，男人就要大掏腰包；女人指鹿爲馬，妳還要說是匹好馬！

唉！親愛的女士們，妳們要知道男人也需要關懷、需要愛。請不要把愛解釋得過於狹窄，對男人的溫柔是愛、對他們寬容是愛、對他們給予尊重也是愛……

男人也需要溫柔，給他一點溫柔吧！這是一種有效的愛的方式。「溫柔」像玫瑰別在女人胸前，女人便傻乎乎地以爲溫柔是自己的專利，千百年來一直將它據爲己有。以爲「溫柔」只爲女人所有，男人便不屑或恥於溫柔，他們做出力轉乾坤氣吞山河狀，拼命提升陽剛之氣，處心積慮塑造一個深沉、剛毅、冷峻、絲毫不沾陰柔之氣的男子漢形象。他們高興地發現，女人們不但不反感，而且不假思索、囫圇吞棗般地接受了這個形象、認可了這個形象，並以此丈量一個個「大丈夫」。日本那位冷面影星高倉健，不但成了女孩的偶像，還成了許多女孩夢中的情人，就是一個最好的佐證。

其實，做女孩和做妻子，對男人的認同大不相同。男人大喇喇，在女孩眼裡是瀟灑、是風度，在結了婚的女人眼裡卻是難以容忍的壞毛病。男人面孔冷峻不苟言笑，在女孩眼裡是深沉、是成熟，而結了婚的女人卻感到沉悶和壓抑。男人逞強好鬥，在女孩眼裡是勇猛、是自信，而在結了婚的女人眼裡是沒涵養、沒氣量。男人不體貼，在女孩眼裡是木訥、是迂腐，而在結了婚的女人眼裡卻是令人討厭的自私。總之，女人結了婚才會明白，她要的是有陽剛之氣卻也不乏溫柔的男人。沒有哪個女人生病了丈夫不聞不問、抱怨連連，沒有哪個女人在外受了欺負丈夫不心疼、不安慰、一點不生氣，沒有哪個女人做家務累壞了丈夫蹺著腿看電視、不氣憤、不委屈。縱觀一樁樁離婚案，那些要衝出圍城的女人大都是不堪忍受男人的冷漠與自負的女人、大都是渴望溫柔的女人。這是對女人的嘲弄——今天自己急於想拋棄的正是當初自己苦苦追求

的。這也是對男人的忠告：男人也要溫柔。

可是，這個男人和女人都渴望的溫柔到底爲何物？若問男人，男人會重複祖父的話：溫柔如水。這當然是對女人而言。可是「水」也分明是多彩多姿的，既有潺潺的溪水、平靜的湖水、也有滔滔的江水、咆哮的海水。男人到底要女人像誰？也許，男人自己心裡也充滿了矛盾，他們既想要溪水的純樸、湖水的恬靜、河水的活潑，也想要點江水的氣度、海水的胸襟。可是如果去問女人，她們對「溫柔」一詞似乎沒有確切的定義，然而，那定義又分明寫在每個女人的心裡。如果溫柔是朵玫瑰，女人希望男人的胸前也別一朵。不論怎麼說男人的外表的堅強卻內含著潛意識裡難免的脆弱，他們渴望著妳溫柔的心，希望妳溫柔的愛……

他需要妳寬容他，寬容他就是妳最好的愛他方式！妳要深省對男人寬容的道理。

妳知道男人除了妳的溫柔之外還需要是什麼嗎？妳知道男人最怕女人什麼？不夠寬容。母親的嘮叨、情人的糾纏、妻子的管制、女兒的嬌縱、女友的誤解、女同事的挑剔。所以，男人期待來自女人的寬容。有了這種寬容，男人固然會沾沾自喜，也容易安身立命，找到自己應有的位置，並且可以享受所謂的成就感。

能夠用心聽男人誇誇其談是一種寬容。男人在女人面前吹牛，往往不過是一種缺乏自信的表現。女人如果不能傾聽男人，男人的自信心就會崩潰。

能夠允許男人沉迷一些沒有意義的小事是一種寬容。比如拿打火機玩弄、比如夜以繼日地打電腦遊戲。男人往往透過這些癖好來達到心理緩衝。允許本身可能是更好的一種關切和督促。

能夠讓男人和朋友們消磨時光是一種寬容。因男人需要不時地回到年少時光，這是少年時逃避母親過分的愛和關心心理的再現。

能夠讓男人和其他女人交往是一種寬容。男人天生喜歡尋找和欣賞異性身上的美，但並不是所有的男人都見一個愛一個。事實上，有好的欣賞力的男人，多半會非常愛妻子。

在男人不圖進取時保持適當的沈默是一種寬容。男人的一生中很少能夠永遠勇往直前。大多數男人總會有週期性情緒波動和行爲上的調整。鞭打快牛的結果往往適得其反，男人並不總是需要激勵。

男人在如此寬容之下，會張牙舞爪、得志猖狂嗎？那也未必。因爲男人一般都會

做賊心虛，來自女人的適度寬容往往是他最好的動力，不領情的男人自然有，但那是少數。正常的男人會好好地珍惜來自女人的寬容，因寬容對男人而言，是一種實實在在、時時刻刻的需要。

尊重男人是妳被他喜歡的前提，他需要妳的尊重。對許多女性而言想要去「喜歡」男人，妳必須去除恐懼、不安全與理想化。簡言之，妳必須試著去接受男人。

接納對方是喜歡的第一步。喜歡通常是緊跟在情感上的接納之後的。聰明的女性在瞭解男人後便會喜歡上他們，而她們之所以瞭解男人，主要還是在於她們清楚自己的需要是什麼。接納、喜歡男人最常見的障礙就是缺乏瞭解。許多女性就是因爲不是眞正瞭解男人，才會難以喜歡他們。而女性經常自以爲瞭解男人，往往是來自神話故事或傳統概念。在傳統角色上，男性即代表主動、自我克服，他們從不表明自己的需求。他們確保自身安全的方式就是防止女性看到了一些足以威脅到他們的陽剛之氣的事物。許多女性所不能瞭解的就是關於男人脆弱與敏感。

這些範圍還包括對無助與被動的恐懼、被誘騙的恐懼，對依賴以及無法達到女性的理想的恐懼。就算是脆弱的男人，他們也需要被喜愛、被尊重。一個眞正被接受、瞭解及喜歡的男人他所回饋於女性的是對她們的關心、愛戀與尊重。只有那些愚蠢的女性才會犯下如下一些貶低男性自尊的錯誤，從而使他們對妳恨之入骨：

1.切忌談及他們的「禿頭」

如果是男性的朋友取笑他禿頭，他往往能一笑置之。但如果是女性提及時，則會感到極端不快，原因是他產生了恐懼感，深怕在女性眼中喪失了吸引力。

2.勿在男士面前批評他的母親

因爲母親是男性生命中第一個眷戀的「異性」，母親受到惡意的批評，一定會大大地傷害他的感情。

3.不要對他的「浪漫觀點」加以貶斥

幾乎所有男性都以大情人自居，假如女性低估了他的浪漫氣質或羅曼蒂克的幻想力的話，那是一種致命的傷害。

4.不要把他的飲食偏好作爲談話題材

男人最不願意別人剝奪他享受喜歡食物的權利，也不要指出他對某種食物的喜好

可能導致健康受損。

5.不要在男性面前嘉許另外一個男士的成就

男性中很多人氣量較小，在他面前提及別的男士會使他認爲自己被看扁、被有意奚落。

6.不要指責男性

男性向其他女人投以目光，是男性的一種天性，但卻經常受到女性的責備，因此，男人不喜歡女性提及這件事。

7.不要對他的工作做批評

如勸告他爭取升職加薪或調換工作等，他會認爲妳對他的能力、野心及進取心缺乏信心。

十七、即使妳的尺碼在十號碼以上，穿上性感睡衣時，男人還是會認爲妳有吸引力的

一般來看，好像男人們都喜歡「大胸部」，同樣一般的常識也似乎只有「大胸」女性才算得上性感，事實上並非如此，不同時代有不同的性感標準；不同的人亦有各自的豐滿標準。有一個人，他叫安哲，他妻子的胸部很小，但是，他卻覺得妻子很美麗、性感。安哲並沒有嫌棄她的那個部位，反而處處幫助她。他們夫妻兩人發生過一個故事：安哲和他的妻子有一天去參加一個舞會，安哲讓她穿了一個低胸晚裝，可是她尺寸小怕掛不住走光就塞了兩個塑膠碗。在舞會上，一段快節奏的舞曲過後安哲的妻子突然緊緊的抱住了安哲說：「別放開，我的塑膠碗掉了。」安哲當時很緊張，可是一看周圍的人都是一對對的抱在一起。主持人喊道：「地上哪來的這麼多塑膠碗，

麻煩服務員過來收拾一下……」

「美」是有多重評判標準的，而且這種標準是變化著的，尺寸較小的妳同樣可以成爲美麗動人的天使，只要妳願意，「穿上性感的睡衣」只是我的具體比喻，女人的性感並不全靠胸部大小來衡量，小乳房別有異樣的美，也很性感。八〇年代中期，西方曾盛行以小巧秀美的乳房爲美。驟然推出一批走紅模特兒。因此，人們大可不必爲自己的乳房不豐滿而煩惱。

中學生葉子越來越惶然地意識到自己與衆不同，別的女孩爲了身體的茁壯發育而忐忑不安、彎腰駝背地使它不那麼顯眼，她卻可以和男孩一起跑、跳、倒立，胸前平坦如一塊玻璃。隨著歲月流逝，進了大學的葉子有種缺陷感，爲自己胸部的遲緩發育焦慮不安，又難以啓齒。整個大學時代她都不敢結交男友，拒絕異性的親昵，爲自己胸前的秘密苦惱。

和葉子有同樣苦惱的女孩爲數不少。加上月曆外國女郎豐滿性感的胸部的資訊傳達，造成了許多人的心理錯覺。其實，在身體特點上，東方人與西方人、生長在溫帶與熱帶的女性往往相去甚遠，不能以同一標準衡量。

東方女子本以身體嬌小玲瓏、線條流暢含蓄見稱，傳統觀念較重的中國人更不習慣性感之美，有些女孩透過手術獲得的奇大乳房往往因失去了與整個身體相諧調的美而變得刺眼，卻仍難以和歐美女性的「波霸」（乳房豐滿且巨大）相提並論。

乳房發育不良或過小，主要因素是什麼？一般認爲是遺傳基因的作用。同一血緣的女性胸部發育、月經來潮的年齡等情況有相似特點，女兒的小乳房往往可能緣於母親的平胸。遺傳基因控制著女性激素分泌與性徵的生長狀況，至關重要卻難以改變。

其次是食物結構，許多女孩在發育前期熱量攝入不足。少女們追求纖巧苗條，結果該鼓的地方不鼓，不該凹的部分凹進去，乳房除了腺體之外，最多是脂肪積成，需有合理食物結構保持脂肪儲存。

第三，在發育期運動不當。常看到發育期女孩擺動著手臂長跑數公里，姿勢不正確帶來身體不均衡發育，往往腿部肌肉橫向生長，胸部卻得不到拉張，有失勻稱。

據醫學界人士估計，中國女性至少20％屬於小乳房甚至平胸者，這樣的女孩往往有焦慮症，擔心自己生理有問題，性欲低下，缺乏吸收力，不能哺乳。

這種擔心大可不必。除了因外形的起伏不足會影響女性線條之外，小乳房並非缺

陷，在腺體構造、神經分佈上，與大乳房沒有區別，同樣敏感。民間尚有未經科學論證的說法，認爲瘦小的女性及小乳者較之肥胖大乳者育兒期出乳量更多。

八〇年代中，西方曾經盛行小乳房，以小巧秀美的乳房，甚至性徵不突出的平胸爲美，驟然推出了一批走紅模特兒。可見乳房大小的標準不一，人們對之喜好如時裝一樣風水輪流轉，難以確定好壞。千人千面，怎能希冀每個人做「波霸」？

隆胸手術現在常在廣告上出現，敢於嘗試的還是小一部分人，一是費用高，二是擔憂其效果如何；至於其他的方法亦可加大胸圍，比如健美操訓練、按摩等，能在原有基礎上增加一、二公分，有一定效果。

有些乳房過小的女孩只是發育遲緩，甚至遲到二十三、二十四歲。有些女孩在戀愛熱量結婚後胸部會變得豐滿些，葉子就屬於這種情況。在和一位她鍾意並體貼的男士結婚後慢慢放鬆了焦慮，乳房竟悄悄長大了。可見心理壓抑也會影響生理發育。

爲小乳房煩惱不足取，發現自己有遺傳小乳房的傾向，應及早在發育期內加強胸部鍛鍊，保持適當營養攝取，多方開發自己的長處與優點，減少抑鬱，告訴自己「小的是好的」，況且我尚有美麗的皮膚、眼睛、嘴唇或小腿呢！這才是積極、樂觀、有益的態度。

妳的性感並不完全在妳的胸上，性感的標準也是變化無常的，相信坦然自信的妳是最性感的，這樣的話，我相信妳即使不穿性感睡衣睡覺，愛妳的男友也會覺得、無比性感……

十八、如果妳問及他的過往，男人多數會把實情告訴妳，只是不是把全部實情告訴妳

每個人都有他的過去或輝煌，樂於到處炫耀；或悲傷，不堪回首。男人們更不例外，聰明的女性會妥善處理自己男人的過往歷史。因爲那畢竟是過去、是歷史，而且她們知道，如果處理不好的話，男人們的過去甚至可以顛覆她們的現在甚至包括未來，但是，大家要知道誰沒有過去呢?!大家都有過去！還是讓我們看看吳秉的太太是怎樣處理的。

吳秉是個有很多過去的人，一談及這個問題，他的臉色馬上凝重起來。吳秉說：

「戀愛時節，我曾經深愛過、傷害過、幸福過，也傍徨過。」

雖然婚後太太從不問起他的過去，而吳秉卻總想找個機會向太太坦白所經歷的一切，當然，吳秉也懷著極大的興趣想知道太太曾經的故事。一次，吳秉鼓起勇氣想這樣做時，太太卻阻止了他：「什麼都不要說，我並不想知道你的過去，也不想告訴你我的過去。每個人都應該有他自己的心靈綠地，經不起別人踐踏，你現在是我的丈夫，我只想擁有你的現在和將來。」說到這裡，吳秉頓了頓，然後喝了口酒：「我想她也一定有一段不平凡的經歷，故事中的男主角無疑是幸福的，而身爲她的丈夫的我也是幸福的。從此以後，我再也沒有爲有過去而感到不安。我相信，理解和寬容一定會陪伴我們走過未來的歲月。」

吳秉的太太眞是個聰明的女人！也提醒妳，親愛的讀者，請妳懂得過去不是罪孽，而是人生的財富。因爲有了過去這段經歷，妳才會清醒地走到今天。女人們總想成爲一個愛情的考古專家，無論是男人過去的點點滴滴，她們都想明察秋毫，從不放過任何細節，她們會向男人提出各式各樣的問題，但是唯一的目的是洞穿男人。男人的回答又往往是沈默或者簡單做答，妳是否曾經聽男人們對妳說他很累，很想出去旅遊，那一定是妳在追問他一些事情而他不想回答的問題，此時的男人們自然會有這樣的轉移話題，如果男人們眞的想出去旅遊，我敢肯定他們絕對不是因爲很累才想出去旅遊

的，因爲那樣會使他更累。

當女人幫男人整理衣櫥時，不小心滾落一顆銅鈕釦，男人看一看、想一想，不經地說：「哦！那是過去一件西裝的袖釦，怎麼會在這裡？」男人的過去就像這顆脫落的銅鈕釦，想得起來，擲地有聲，卻又不石破天驚。而女人的過去被精製成書簽連同已逝的韶華被夾在日記本裡，所以女人難以釋懷過去，同時連男人的過去也在意起來了，害怕他們在某個夜晚趁自己睡熟後偷偷跑到書房打開上鎖的小鐵盒，拿出一些泛黃的信物來思一思故人，像她們一樣。

其實，當女人質問男人的過去的時候，會更加埋怨現狀、憂患將來，直至變得敏感多疑、絮絮叨叨。大學有一個女同學，揚言要找離過婚的男人，因爲有豐富的過去，懂疼、懂愛、懂珍惜，身邊的一堆團團轉的男生，她說只是一群「小弟弟」。後來畢業了眞的找了一個離過婚的男人，一年下來憔悴得變了樣，說受不了他往前妻家跑，不知是因爲舊情難了還是捨不得六歲的兒子。再青春亮麗、自信的她，每天提防男人的兩個過去，一是前妻過去的感情，二是過去又永不過去的兒子。常常因此吵架後，就懷念起從前那一群如白紙似的「小弟弟」們來了。

好男人的過去，應是一種經驗、一種把握眼前愛情的基礎，而好女人面對男人的過去，往往保持著一種邊緣態度：位於介意與不介意之間。可以令自己心「酸」、讓自己重新審視他的分量，同時也可以令他「酸」，讓他好好珍惜現在擁有的。最後，讓他像金庸小說最末兩行無奈的結語：此情可待成追憶，只是當時已惘然。嘎然而止了。更像午夜看完一場打敗的球賽以後伸伸懶腰，用長長的手臂擁住一直陪自己看球賽的女人，深情地說；「晚了，去睡吧！」旋即關上了心中那個角落。

記得我父親有一次參加同學會後回家，興致勃勃地向我們說他那難忘的大學生活，說他從前是很受歡迎的小白臉，我們向老媽求證，老媽半認眞地取笑說：「算了吧！你們老爸壓根兒就沒有年輕過。」我們哄然大笑。

吃飯的時候，老父親多了一份惆悵，老媽用筷子挾了一塊老爸最愛吃的白斬雞到他的碗裡，意味深長地說：「你們老爸是在追憶似水年華呢！」於是，一切前塵往事便被這筷子輕輕挾走了。

男人的過去讓女人一起分享，然後，所有的風花雪月情感篇就演成了追憶似水年華的惜時篇。就讓男人傻傻地在過去發一會呆好了。所以，當妳問自己的男人（或男

友）過去的時候，如果他是個聰明的男人會向妳講述他的過去，但是他會挑「重點」講，不會告訴妳他的全部，他那樣做是明智的！在妳的追問的，他們只有這樣做，這是對你們倆雙贏的選擇……

十九、男人必定會看其他女人，有些偷偷地看、有些明目張膽地看，但他們絕對不會不看

曾經流行過一幅漫畫，漫畫的大意是說一個丈夫和妻子在逛街，忽然有一位妙齡女子從他們身邊走過，丈夫的眼神不由得跟了過去，妻子見狀，頓生醋意，拉著丈夫快走幾步，以迅雷不及掩耳之勢摸了一下女子的屁股。女子轉頭大怒，妻子乘機罵起丈夫來：「你這個沒良心的，我站在你旁邊，你還敢輕薄其他女人！」妙齡女子走上前去，對著那個看似無辜的丈夫就是一巴掌，妻子暗暗得意：「看你還敢看美女！」從此，丈夫再也不敢和妻子一起去逛街。

現在讓我們細細品味，妳是同情無辜的丈夫呢？還是佩服「聰明」的妻子？

美女總是男人心中揮之不去的主題。美女多存在於男人們的眼中或心中，有時候

還會出現在夢中。這世上幾乎不存在不爲美色所動的男人，甚至可以說，每個男人都可能會被形形色色的美女搞得意亂情迷。

男人是感性的動物，這和女人沒有什麼兩樣，對於外在物，男人們不大喜歡用心去判斷，而是習慣用感官去判斷。在男人的感官中，眼睛的作用是至關重要的，喜歡什麼或討厭什麼，有時，往往是取決於眼睛。對於美女的欣賞，男人似乎更依賴於眼睛，因爲，男人並沒有時間和機會以熱心去體驗美女，所以，也就不得不東張西望。儘管眼見的東西未必可靠，但是，男人一般還是對自己的眼力充滿自信，並且，自信力還會不自覺地夾帶幾分得意。

女人富於展示性，尤其是容貌美的女人，這一點是毋庸置疑的。另外一個事實是，幾乎沒有人會拒絕欣賞這種展示。在都市的各個角落，螢幕上、廣告牌上、報刊上，乃至日用品上、食品的外包裝上都是些美女。我們在欣賞的同時，偶爾也不免這樣想，美女是不是佔據了太多的地盤？各式各樣的明眸、秀髮和笑臉會不會擾亂人的心曲？人的價值趨向在左右搖曳中到底會向哪個方向發展？一時間，我們還無法解答諸如此類的問題。然而，有一點似乎顯現得比較清楚：都市像個巨大的溶化器，美女就是其中的一劑溶液，在有意無意之間溶解了相干的或不相干的男男女女。男人潛意識裡全喜歡美女，看到美女會目不轉睛或回頭行注目禮，妳別認爲他不愛妳，也別認爲他好色，愛看美女是男人的本能，與品格無關。何況，愛美之心人皆有之；

女人對於男人，最恨其背叛，最怒其花心，最怨其深夜不歸，最惱其私設小金庫，最無奈卻是其愛看美女。

所謂無奈，是因爲看美女，在情侶關係中稱不上互相矛盾，心裡不開心。這種無奈就在於男人對此永遠是「誠懇接受，堅決不改」。我沒有聽說過有哪個男人被情人責備幾句後從此改弦更張，視美女如蛇蠍，避之唯恐不及，相反，由於「回頭」時間過長，一頭撞上到電線杆上的，倒是時有所聞。最可笑的是那位還沒回過神來，就忙不迭地向電線杆賠不是。妳對他有什麼辦法？

也許有人會說，要看美女，簡單！自己到街上溜達溜達，要看誰就看誰，要看多久就看多久，沒人管得著。須知絕大多數男人喜歡看美女，並非出於情色，而是受一種審美理念驅使。其實最有意思的，就在於那一瞥；倘若讓一個美女站在一千盞大燈下讓你看一整天，相信你會覺得身心受到了嚴重摧殘。另外，在自己的情侶旁邊瞥上

一眼擦身而過的美女，好比帶著腳鐐跳舞，從心所欲，又不逾矩，自有一種隱秘的快樂。據說喬冠華在物資匱乏時期到某國駐華使館作客。主人以蘋果饗之。臨走時，喬冠華希望帶兩個蘋果回去給夫人嚐嚐。大使連忙叫人送一箱給部長。喬冠華說，「不必，帶兩個才有意思。」便放在口袋裡走了。看來，看美女和吃蘋果有異曲同工，都有哲學意味。

通常女人看見自己的丈夫在看別的女人的時候，（這裡不光指美女），便會頓生醋意，女人的醋勁一旦上來，那可謂是山崩地裂、驚天動地的。據瞭解，幾乎有百分之九十以上的女人都曾打翻過醋罈子，然而，怎麼打便是技巧了。

還是看下一位是怎麼處理丈夫看美女的吧！妳不妨從中悟出些道理。

一位年輕的女作家隨丈夫逛街時，發現丈夫的目光總是跟隨著街頭那些漂亮的女生。她自然有些不快，可是想想，愛美之心人皆有之，那些面容姣好、氣度不凡的女性的確像優美的風景一樣讓人賞心悅目。於是，他們上街購物便增添了一個項目，那就是欣賞和品評那些漂亮的女性：「這位小姐的衣著很合身、那位小姐的妝容很亮麗……」，這樣一來，丈夫感到妻子很理解、信任他，便對妻子更加體貼、關心。以往不會買東西的他也經常買一些小禮物送妻子，兩人的生活更加和諧、幸福了。

說實在的，誰不喜歡美的東西呢？除非他是瘋子！這一點就連妳們女士也不可否認，那麼妳又何不理解而寬讓的處理呢？

我認爲，這位年輕的女作家才是眞正聰明的女人。她在打翻醋罈子的時候，乘機也添加了一些調味品，比如理解、比如信任。她讓醋罈子倒地時發出的那種刺耳的聲音，頓時變得那麼柔和、那麼讓丈夫接受，以致於丈夫內心有了一種歉疚感，以後對妻子便更加關愛。

這樣看來，打翻醋罈子就並不是一件壞事了。聰明女人會利用「醋罈子」給生活添油加醋，讓平淡的日子變得豐富多彩，讓夫妻之間的關係變得越加融洽，讓感情基礎更加牢固。兩個人的一輩子，說長不長，說短也不短，何不珍惜這一輩子，令「醋味」永留芬芳，成爲永久的記憶呢？

二十、男人雖然適應用保險套，但永遠情願不用

保險套是爲男人們量身定做的，男人們適應用它，但是這並不是說他們喜歡用它，大多時候他們是不情願而爲之的。愛妳的他雖然不情願但還是會用它……

有一個笑話：兒子問父親：「爲什麼男人們都不喜歡帶保險套？」父親回答說：「當你用手指挖鼻孔時，你願意帶著副手套嗎？」

確實，人類的性交不再僅以傳宗接代爲目的的今天，男女日常生活中的避孕成了一個重要的、不可或缺的環節，爲了有效的、舒適的達到避孕良效，商家們可是絞盡了腦汁，近日，市內的藥房均上櫃了一種新型的避孕物品——安全泡沫，它只需要在房事前三~五分鐘用抗菌導杆送入陰道即可。據瞭解，安全泡沫可能是繼保險套、避孕藥以及避孕器後又一有效的避孕方法。其實，在日常生活中，怎樣安全有效的進行避孕，對於無數的女性或是男性而言，都是一個非常重要的問題。但在選擇適當的避孕方法上，很多家庭還是感到困惑。據某市醫院一位婦產科主任稱，避孕方式的選擇其實與知識水準和傳統意識有關係。從目前國際上來看，美國人在避孕上喜歡用藥，而最早發明避孕器的日本人卻喜歡使用保險套，他們認爲將避孕器安放在子宮或是吃避孕藥都對身體有傷害。

男人們確實喜歡輕裝上陣，保險套的使用讓他們倍感不適，可是，爲了深愛著的妳他們還是帶上了，儘管不情願！還是來聽聽一個反面的故事吧！

一個受傷女人的故事：她從二十三歲起就愛上了他，雖然他們漫長的愛情馬拉松至今尙未跑到終點，可是她說這並妨礙他們擁有肌膚之親、雨水之歡，於是十年中她爲他墮胎了九次。有人問她：「他愛妳嗎？」她說：「他非常非常地愛我。」接著有人又問她：「那他爲什麼要讓妳墮胎九次？」於是她沈默不語，看來又是一個可憐的傻女人，難怪有人會說，戀愛中的女人智商最低。既然這個男人如此愛她，他爲什麼要讓她的身體遭受一次又一次的痛苦和摧殘？這個女人是否想過，一個保險套花不了多少錢，而且對男人的身體並無傷害，一件如此簡單的事都不願爲她做，憑什麼說他

愛妳？

　　正像上面故事說的，這種男人其實是不愛妳的，眞正愛妳的男人和妳做愛時帶上了那「可愛的」保險套，他們確實不情願，但是，深愛妳的他會選擇帶上它，我相信如果有另外一種取代措施而且很安全的話，他們一定會選擇不帶保險套！

　　隨著社會的發展，人類的性行爲與生育正背道而馳，人們已不再是爲生育而需要性，而是將性作爲生命中一種極其美好的精神和軀體享受來看待，因此現代人無論是爲了自己還是他人，都應注意維護性活動的安全與健康。所以說，如果是一個懂得憐香惜玉的男人，呵護女人的身體應當是他神聖的職責，在享受快樂時請務必自覺帶上保險套；而身爲一個善解人意的女人，若妳已準備與心上人巫山雲雨之時，此時應先幫他帶上保險套。

　　讓男人帶上保險套，不僅是爲了避免意外懷孕、減少墮胎機會、減輕對女性生殖器官的傷害、保護女性正常生育的權利，而且它還能夠有效地隔離和阻斷性傳播疾病的擴散，大大減少淋病、衣原體感染、尖銳濕疣、滴蟲、念珠菌病、梅毒以及愛滋病的感染機會。由於不潔性交，很容易造成女性陰道炎、宮腔炎、盆腔炎等病症，因此讓男人使用保險套對女性生殖健康可以說有益無害。

此外，它還對子宮頸癌有一定的預防作用，因爲子宮頸癌的發病原因之一，即是接觸男性精液中的某些病毒及包皮污垢，而男人使用保險套正可以阻止精液和包皮污垢進入女性陰道。

雖然近年來，有越來越多的醫學界人士公開呼籲，提倡人們在性行爲時使用保險套，但許多人仍舊擔憂使用保險套後會沒有感覺，將影響人的「性」趣。其實恰巧相反，使用保險套以後可以明顯降低龜頭的興奮性，延長性交時間，有助於男性早洩的治療，使雙方的性生活更加和諧。若保險套上塗有潤滑劑，還能減輕女性陰道乾澀所造成的性交不適感。

有些女性對男性精液過敏，戴保險套性交尚可防止過敏反應的發生，對自身免疫性不孕症的婦女，性交時用保險套可避免精子與陰道的接觸，減少抗體的產生，增加女性的受孕機會。

所以醫學專家指出，只要正確地使用保險套，它能使人的性愛更完美。而且隨著保險套生產朝著個性化和娛樂化方向發展，有人預計它最終將變成一種性愛玩具，成

爲人們性愛生活中一個不可缺少的重要部分。

實際上目前的保險套製作工藝已經充分考慮了人的性愛感受，例如在保險套的表面分佈一些均勻地突起顆粒，以調節男女性高潮的時差，使人能獲得最大的性愉悅感，有的則在保險套的表面採用螺紋曲線設計，以提高摩擦時對女性陰道的刺激強度，來增強女方的性快感。

因此男人完全不必擔憂用保險套會影響和妨礙自己「性」趣的發揮，而女人更應勇敢地大膽鼓勵男人使用保險套，讓自己毫無後顧之憂地享受「性」趣的歡樂。

可見改變男人的保險套觀念，讓他們不僅用而且樂於用保險套，這是妳（女士）們應該做的工作……

廿一、即使對妳忠心不二，男人仍想保持若干程度上的獨立

有這樣一個不成文的道理，那就是：男人的愛是相容的，而女人的愛卻是排他的。男人和女人在很多方面存在著對極性的差異，由於男人喜歡征服、較強的佔有欲望、男人喜歡被女人崇拜等等很多原因，不勝枚舉，可以導至男人的愛不同於女人，女人的愛是獨佔的、排他的，她一旦愛上了你，即使她有個曾經深愛的他，但是我可以肯定她會把他扔在思想的角落裡，有可能一輩子也不去碰他，好像是把他完全的忘卻，事實上，她們並沒有忘記，只是獨佔的愛讓她們這樣做出了單一的選擇。

但是，男人不同，男人的愛是相容的，在這裡不存在所謂的「非此即彼」，而是「即此即彼」，男人總是想佔有更多的東西，很注重數量的積累，但是，男人在這些東西中會做出比較和抉擇，他們知道該選擇什麼，哪些是欣賞的、哪些是具有使用價

値的、哪些是僅供回味的……

「花心」不是男人的錯。「哎！男人沒有一個不風流！」越來越多的女人們發出如此感慨的同時，仍然無怨無悔地爲她們的男人洗著衣服、打掃著屋子、做好飯菜等著他回來。而她們的男人們呢？依舊在外面風花雪月、毫無顧忌。當他對別的女子高談闊論卻對妳的問話置之不理時、當他爲別的女孩拉開車門卻像沒有看見妳的臉色蒼白時、當他熱心地幫助女同事家換瓦斯桶而置在家忙著做飯的妳於不顧時，妳是否已經從他的眼睛中讀懂了什麼、看出了什麼嗎？

男人們流浪在都市裡，他們的心也流浪在人群中，女人對於他們而言是一道道美麗的風景，他們的心是柔軟而孤寂的，是不堪一擊的，如果在某一合適的時間和某一個合適的地點碰到了某一位令他心動的女孩，如果他的心戰勝了理智，那麼在以上種種假設成立的情況下，理所應當地會發生某些浪漫的事情。

但最終他們還是會揚帆遠洋，風流是男人自己都無法改變的性情，他們的一生都處於一種「隨風飄流」的狀態，同時他們自己都無法理解這種情懷的由來，對於他們而言最美麗的風景永遠在別處。

當然身爲女人的我們既然已經選擇了這一輩子必須得跟男人這種動物長相廝守，那麼我們就必須研究這種動物的本質。實際上男人是一種非常孤獨的動物，他們孤傲的靈魂在這個複雜與無奈的世界裡從來沒有過一絲放鬆，被別人同時也被自己逼得不得不奔波著，在他們的血液裡流淌著不安定分子，他們被這種因素駕馭著不停地變化，他們求新、求變，因爲不如此他們就不能生存和發展，而此時妳也必須加快腳步，否則有一天他會滿懷歉意地對已經是黃臉婆的妳說：「對不起，我和妳沒有共同語言，我們分手吧！」雖然這樣說也許有失偏頗，但是至少在心靈上這個公式是相對成立的，對於女人而言，男人是她們所能依靠的大樹，然而卻不知這棵大樹的心不會永遠在這裡，也不會永遠在那裡，因爲他總是處於一種游離狀態。這當然不是男人的錯，也許上帝在創造男人這種動物的時候，在他的身體裡注入了某種特殊物質，才使得他們這麼不安分、如此躁動。

男人的諸多假象表現，妳要深省：

1. **關於他的喜新厭舊**：喜新厭舊、見異思遷幾乎是每個男人的基本天性，並且會隨著年齡的增長而更加明顯地暴露出來。家中嬌妻容貌再好、再賢慧，也難以避免已

婚男人對一些陌生女性產生情愫，她可能比不上妻子的美麗、溫柔，但她即使有一丁點的可愛、頑皮或獨特的氣質都可能會令男人們雀躍不止，要不然怎麼會說：「孩子是自己的好，老婆是別人的好」呢？

2.**男人們好像總是口是心非**：男人的話不可不信，但絕對不可以全信。在他尚未結婚之前，一張嘴就早已練得口吐蓮花，有起死回生之效。用雷聲大、雨點小來形容已婚男人的承諾和應允非常貼切。怎樣分辨已婚男人的口是心非呢？一個簡單的方法就是，把他說過的話全部打一折，就知道他口中說的和心裡想的有什麼差別了。

對策：似是而非，來個含糊其辭。不管男人說什麼，似聽非聽，半哼呀啊的，看他急不急！

3.**左右逢源**：事業和金錢是男人得力的左右手，也是他們左右逢源的堅實基礎，再加上善於把握力度和氣氛，一個男人想左右逢源是很簡單的。只要不在一個女人的面前誇獎另外一個女人、只要不讓他鍾情的兩個女人同時出現在他的面前、只要他死不承認自己是個花心，不要說兩個女人，就是再多幾個，男人們也能遊刃有餘。

對策：隨便花錢。反正男人都要瀟灑了，不就是因爲有幾個錢嗎？幫幫他把錢給

嘩啦啦地花出去，能應付幾個？一個老婆就夠他受了！（哈哈）

4.**花言巧語**：花言巧語不等於欺騙，如果非要說是欺騙的話，也是善意、美麗的欺騙。女人從男人那裡收穫了自信和滿足，只要男人本身不主動戳破謊言，她們大多也甘心被騙。花言巧語也不等於甜言蜜語，而是一種類似於外交家處理重大事物所使用的辭令，既能達到模糊事實的目的，又能兩頭討好，能熟練地使用花言巧語的已婚男人，才能如同練武術一樣，達到功夫的最高境界。

對策：剛柔並濟。別以爲男人的甜言蜜語就是所向披靡、天下無敵，女人的剛柔並濟才眞正能統治天下、治他於死地呢！嘿嘿，別說他不知道喔！那是他還沒那福氣！

5.**死皮賴臉**：已婚男人遭遇的豔遇和打擊是成正比的。一個承受能力不強的男人不配做一個已婚男人。他應該理解到，女人的打擊有時候更是一種考驗，堅持到底就是勝利。堅持的唯一辦法就是死豬頭不怕開水燙，妳就是再怎麼凌辱我也沒關係，反正我就是喜歡妳。沒有幾個女人不在這種近乎無賴的追求中屈服的，即使明知道他家有嬌妻。

6.**山盟海誓**：山盟海誓和花言巧語不同，後者可以常用、常更新，山盟海誓可是

在非常時刻、特殊時刻才使用的。未婚男人發的誓基本上都是海可枯、石可爛、出門遭車撞之類的，但是善於發誓的已婚男人一般都不會將誓發的那麼絕，否則將自己的退路擋死可就得不償失了。掌握最好的時機和地點，把握好最合適的尺度，既可以騙得女人開心，又不讓她鑽牛角尖，是已婚男人發誓的高明之處。

對策：吃生菜。當他要立山盟海誓的時候妳告訴他有一種蔬菜的名字叫生菜，它很爽口、很便宜，而妳就是不喜歡。妳唯一感興趣的是他的心，叫他把它掏出來看一看就好了，必要時妳也可以發個誓：「保證一定還給你！」

如此研究一番，我們得出的結論是：當妳發現妳的情人不再牽掛著妳而對別的女孩子殷勤備至的時候，請妳不要發火、不要急躁，那只是已被「現代文明」折磨得疲憊不堪的男人們緩解內心壓力的一種手段罷了，也只是這些男人們的天性使然，請妳絕對相信：總有一天他會回到妳身邊！給妳的他一個改正錯誤的機會，也讓他有時間來理一理自己的思緒，他也是脆弱的、無助的、感性的，在他的生命裡需要各式各樣的柔情來填補他空虛的心靈，也許那個女人給他的是妳所不具備的，但是只要妳相信他能掌握好分寸，他就會逐漸變得成熟而有理智，當然此刻還是需要女人來掌握大方向的。

在發現男人一旦有這個傾向的時候，適當的給他一點提示，讓他明白妳是非常愛他的、是非常相信他的，而此時除了心理方面的溝通以外，女士們還必須注意一下外表，畢竟物質與精神的完美結合是一件令人賞心悅目的事情嘛！

廿二、男人喜歡保護別人（特別是女人）的感覺

男人喜歡保護別人的感覺，那是一種成就感。男人不喜歡被當作孩子：如果妳總是把丈夫當作一個孩子，他就會把妳當作「母親」，他不可能對妳做出浪漫的事情，妳得到的可能只是兒子一樣的感激。女人往往只關注別人的需要，卻忽略了自己的需要。一個女人越接近母親的角色，她的丈夫就越難以用性愛的方式對待她。請不妨試試：不要收拾他的東西、不要對他穿什麼提出建議，要把他當作一個能幹的人，顯示你充分信任他。也許剛開始時生活會出現一些混亂，但很快他就會明白妳所做的一切，會對妳有一個新的認識。

說到此我們又要談到大男人主義，男人喜歡保護別人而不是被別人保護，因爲他們是男人，理當頂天立地，他們一直堅持這種想法，儘管他們時常感覺疲憊！大男人主義的產物是什麼？什麼是大男人主義？眞正的大男人主義，是一個男人在社會、公司、家庭始終處於舉足輕重的地位，爲周圍的人帶來幸福和安全感，他的言行讓人信服、讓人敬佩，獲得所有人的尊重。這樣的男人才是眞正的大男人主義！是偉大的男人！男人們不論是否能達到這種境界，他們卻始終爲之奮鬥，生活中的他想給妳更多的幫助和保護，他們樂於這樣做，那是他們的本性使然！

那種炫耀自己在家裡是如何如何的人，其實是十分可悲的小男人主義。正好說明他們在社會、在公司混得很差，或者雖然混得還可以，但自己本事太差、能力有限，是典型的缺乏自信心的表現。因爲在外面難以指揮別人、難以用自身的魅力贏得別人的尊重，只好回到家裡頤指氣使，尋找心理平衡。家裡人之所以能忍受這種所謂的大男人主義，都是因爲愛！否則早就離之而去啦！這種男人把親人的愛，當作尋找心理平衡的工具，簡直是對愛的褻瀆！這樣的男人哪有一點「大」？是一種拿愛乞討心理優勢的乞丐，太可悲了！不僅可悲，還可鄙！

男人之所以是男人，就是因爲男人天生就有讓他所愛的人幸福的義務。這種義務是需要愛才能實現的。沒有愛就不可能奉獻、就無法實現男人天生的義務。所以並不

是所有的男人天生就會做男人的。還需要不斷地修鍊自我，鍊出寬闊的胸懷、樂於奉獻的素質，成爲一個好男人。

愛需要胸懷、需要容忍。能給所愛的人撒嬌、任性的自由空間，甚至是一些無關原則的缺點、錯誤。愛得越深，這種容忍就越能發自內心，成爲內在的素質，一種愛的自然流露。沒有這種容忍就沒有愛，就不配做一個優秀的男人！

男人們希望並樂於保護妳，因爲他們習慣的認爲自己是大男人，而妳不過是他的小女人、心愛的小女人。「大男人」與「小女人」這樣的說法，可能是中國人的一個特有的稱呼吧！如果從字面上直譯成英文，「大」字的意思就是身材高大、魁偉、生猛，「小」字正好與「大」字的意思相反，就是不起眼、身體占的空間少、柔弱。但是，倘若這樣去翻譯的話，意思就大錯特錯了。起碼有一點可以說明，這樣翻譯的人是一點中國文化也不懂的，只有對中國文化有著深厚底蘊的人，才能眞正的理解「大男人」與「小女人」的眞正含義。

中國有著幾千年的悠久文化，大男人和小女人的說法，出自名人之口，據記載是有名的文化祖師爺孔聖人說的，他的話比聖旨還要聖旨，我們豈有不聽的道理？於是，一個人在出生的那一刻，「大」字或者是「小」字，就會像緊箍咒一樣牢牢的戴在他（或者她）的頭上，是不能更改的，除非是能夠遇到一個像如來佛一樣的神仙，才能把它們摘掉。既然人世間沒有如來佛，我們就不要有非分之想。

於是，大男人出生的時候，一連串與「大」有關連的詞語就洶湧而來：大男孩、大兒子、長大以後當大官、做大丈夫等等，就連剛出生時的手腳也用「大手、大腳」來形容；而小女子出生時呢？理所當然的就應該是：小丫頭片子、小姑娘、小女孩、將來當一個小秘書、做人家的小媳婦等等，總之，一切的一切都應該按照出生時的那一剎那來決定，是不能更改的，否則的話，就是對孔聖人的大不敬了。

其他的問題我們就不談了，就說在一個家庭裡的「大」與「小」吧！太陽升起又落下，轉眼之間，大男孩與小女孩組成了社會的細胞，時代在進步、科技在發展、網際網路進入了家庭、神舟五號遨遊太空、探測器在火星上行走等等，這一切變化都不能改變我們悠久的文化。大男人下班以後，大搖大擺的回到家裡，大聲的吆喝著：「飯做好了嗎？」小媳婦必須小心翼翼的回答：「好了！好了！」於是，迅速地的把飯菜端上飯桌，大男人就心安理得的大口喝酒、大口吃肉，酒足飯飽之後，在沙發上大喇

喇的坐下，就連兩條腿也要打開，舒展成一個「大」字。小媳婦呢？只能坐在飯桌的一角，像小鳥一樣，一邊小心的用小嘴參食著，一邊用眼睛瞟著大男人，生怕飯菜讓大男人挑出毛病來，誰讓我小媳婦呢？看著大男人吃完飯，小媳婦就連忙收拾善後，再輕輕的坐到沙發的邊沿，兩腿併攏，雙臂下垂，姿態與一個「小」字完全一樣。

在這個時候，大男人就更加大了，大口的抽菸、大口的吐痰、打著大大的酒嗝、大聲說著酒話；小媳婦在這個時候，就更小了，小心的用一隻小手扇著眼前的煙霧、小聲的對大男人噓寒問暖、小心的往茶杯裡續著熱水。當大男人大聲的打著哈欠的時候，小媳婦則乖乖的到臥室鋪床，伺候大男人上床睡覺，然後小媳婦再悄悄的上床，躺在床沿，聽著大男人大大的呼嚕聲，睜著小小的眼睛，看著天上小小的星星，想著自己小小的心事。

大男人也有變小的時候。當一個大男人事業成功或者是當大官的時候，就會情不自禁的滋生出一些小念頭，這個小念頭就像在心坎上爬動的一個小蟲子，使得大男人心裡癢癢的，總想用手去抓一抓，於是，本來應該對父母下跪的膝蓋就「撲通」一聲跪到了那個叫他心裡癢癢的小女子腳下，甚至還能夠親吻小女子紅紅的腳趾甲，在家外的家裡，成了一個稱職的「主婦」，儼然是一個小媳婦的姿態：當大男人財運、官運遭受到厄運的時候，大男人就會本能的想到家裡的小媳婦，像剛出生時那樣，依偎在小媳婦的襁褓裡，尋找心理或者是生理上的安慰。而小媳婦依然是小媳婦，沒有大聲的話語，也不會大聲的呵斥或者是責罵，只是淡淡的微笑，用她那小小的身軀，慰籍著大男人。

所以，親愛的讀者，妳要深省男人的愛保護別人尤其是女人的秘密，走路的時候妳緊跟著他們但從不超越；說話的時候讓他們先盡興然後妳再補充，記住僅是補充並接受他們隨時可能打斷妳的話；勞動的時候粗重的工作要讓他們做，千萬別和他們爭著幹粗活，那樣妳會吃力不討好；……

親愛的女士們，妳們要充分的享受由於男人的本性所賜予妳的保護，但是，請別忘了當男人們疲憊不堪的時候，送上妳的溫柔、體貼和問候！

廿三、男人很喜歡妳吻他，妳要知道怎樣吻他

男人並不是僅僅喜歡做愛，相反，他也很喜歡和樂於妳能夠多吻吻他，並且採取正確的接吻方式。接吻是相愛的男女傳遞他們之間無法言語的情愫的方式，是一種表現在口頭上但卻凝聚著強烈性愛資訊的形體語言。悠長、舒緩、深入、熱烈的接吻，不論哪一種，都能給人心靈的震撼與浪漫的感覺。據調查，相愛的男女都無一例外地渴望接吻。而對於大多數男性而言，他們不僅記得他們第一次親吻戀人、妻子的細節，他們更希望甜蜜的吻一直伴隨在他們的情感生活中。

男人喜歡接吻時那種雙方身心相對的坦誠感覺，但在接吻過程中，他們也有一些小小的「忌諱」。瞭解男性的接吻習好，是使雙方關係密切的最佳途徑。妳不妨試試以下方法，它也許會讓妳和妳的男人受益匪淺……

1.別讓妳的「唇膏」做了「殺手」

三十二歲的業務主管阿林和女友感情一路飆升，兩個月時間已到了談婚論嫁的地步，但偶爾阿林也會吐吐苦水。他抱怨女友的唇膏雖然看上去挺性感，可是對親吻卻具有百分之百的殺傷力，哪個男人會喜歡和嘴巴粘膩膩的女人接吻呢？阿林說，這讓人很不舒服，還有隔靴搔癢的感覺。所以，接吻前女性最好擦拭唇上過厚的唇膏，這個動作能讓妳的戀人看到更好。

2.不妨給他一個突然襲擊

在電影院裡突然吻他一下，或是趁著擠公車的時候、父母不留神的空檔突然給他一個熱吻，一定會令他驚喜交加、興奮難耐。三十歲的王平說：「一次我們在家中請朋友吃飯，妻子突然叫我到廚房來，說要我幫忙。我一進廚房，她便抱住我熱烈地吻了我一下，然後才遞給我一碟水果讓我端出去招待客人。她的吻來得太突然簡直讓我措手不及，所以當時我沒有做出任何反應，可是後來，我越回味越興奮，覺得我的妻子可愛極了。」

3.多用眼睛說話

夫妻在一起生活的時間愈長，彼此對視的時間就會愈短。這沒有什麼，不過，大多數男人更希望接吻之前多一些眉目傳情、雙目交會，而在接吻過程中他們則不喜歡被對方緊緊盯著看。所以，接吻前，向他含情脈脈的拋拋媚眼、放放電，同時用手指輕輕磨擦他的面頰，接下來的熱吻肯定令人盪氣迴腸。

4.天塌下來也裝著看不見

「我妻子喜歡接吻的空檔跟我聊東聊西的，這讓人覺得沒意思透了」、「我和女友接吻時，她會突然說起一件與此毫不相干的事情來，特別殺風景」。不止一個男人抱怨女性的「一心二用」了。請妳記住，男人很看重女人對他們那種血氣方剛、勢不可擋的力量的認同，妳稍有疏忽他便會很敏感地覺察出來，同時感到自尊心受到傷害，令他銳氣大減。爲了妳能更集中精神地「對付」他，有時不妨把他想像成一個能激發妳情欲的「外人」，只是這個秘密永遠也不要讓他知道。

5.記住什麼事都不是一蹴而幾的

較之女性，男人更喜歡搞清楚一件事情自始至終的過程，這也包括接吻。所以，令人欲仙欲醉的熱吻在一開始時應該是柔緩抒情的，讓妳的舌尖輕輕探入，稍後再進一步深入並逐步用力、逐步「升級」。這種做法會令他更享受更興奮無比。這也就和我在前文所說的男人進入愛的狀態較女人慢的原因類似，在此不再贅述！

6.可以採用欲擒故縱術

輕輕地吻他一下，迅即躲開，這種挑逗性行爲是很能刺激男性的。不妨好好利用妳的舌頭使些小伎倆。結婚七年的張先生說：「當我妻子用這種方式時，我好像是一個被上緊了發條的鬧鐘。」

7.讓他瞭解妳的感受

愈是多年的夫妻或戀人，愈是應該在接吻上多用點心思、多下點功夫。一般來說，視覺效果對男人很重要。妳可以與他接吻時，突然掙脫他，直視他一會兒，讓他也看著妳，看到妳的情欲被喚醒的樣子，然後，舔舔妳的嘴唇，再去吻他……

8.「以守爲攻」

毫無疑問，法式接吻最令人銷魂。所有「行家」對此都表示認同。二十八歲的伍先生說：「它能夠讓你把她的情感讀個痛快淋漓」。不過有一點切勿忘記，雖然男人都喜歡有點挑戰性，可是妳也不可太過主動，「大權」獨攬，完全讓他聽命於妳，否則，他會漸感沮喪直至厭倦的。最好的辦法是，別讓他覺得妳是在「進攻」而以爲妳已經「屈服」於他，這對於妳而言其實並不難。

9.發出「嗯嗯嗯」的聲音

這一點至關重要。男人非常需要被肯定，所以，應該讓他充分瞭解他的親吻使妳有多快活，感覺有多好，因此，不妨輕輕地呻吟幾聲以鼓舞他的士氣。

10.吻他的耳朵

男人並不認爲他們的性感帶會在身體的其他部位，但事實並非如此。三十二歲的阿昌說：「當我的妻子舔我的耳朵或是把舌頭伸進我耳朵裡的時候，我會興奮得難以自持。如果她再附在我的耳邊低聲地喚我，那感覺更是奇妙無比。」

廿四、男人希望妳是綠色老婆，要學會做綠色老婆

環保和綠色已經是一個很時尚的話題，美食要綠色、鮮衣要綠色、環境要綠色、情感要綠色，以至老公、老婆也要綠色。眞是夠超前的！

當然，魚也是需要綠色的，綠色的水、綠色的水草。我還要求一個綠色的老闆！不要常常扣我資水、不要常常叫我開會、不要常常叫我交心得報告，還有什麼？對了，不要叫我難聽的名字，在公司，我的名字是魚！我已經說了八千多次了！

我越來越發現「親愛的」沒有全面的「綠色」起來，而以前我從來沒有這種感覺。造成現在這種讓人失望的情緒的人是我的朋友小A，他說娶老婆也要跟上形勢，老婆也應該是「綠色」產品。

現在有必要解釋什麼是綠色老婆，當然我是在抄襲小A的結論。

綠色老婆者，在外觀上首先要賞心悅目，看過之後要沁人心脾、流連忘返。符合綠色老婆者，具體形象應該胖瘦恰當、身材黃金分割、該大處大該小處小、兩眼有秋波、頭髮要垂肩等等，人面桃花，景色怡人，此爲養眼。

綠色老婆者，要善解人意，有孩子般天眞的心靈。想吃飯的時候，她會煮飯。想喝湯的時候，她馬上熬湯。而我的親愛的，經常需要我提醒她，而且提醒了她，她也不樂意做。

當然善解人意不僅僅是吃飯喝湯，譬如需要安慰的時候，老婆會不厭其煩說出安慰辭彙。高興的時候，她的臉上也會露出燦爛的微笑。此爲養嘴，不用頻繁溝通，就可取悅自己。

綠色老婆者，職業要好、賺錢要多，不能浪費老公的資源。符合此項標準的職業有女老闆、外商企業上班族、富裕地區的人民教師、富翁的女兒和其他錢多得讓人莫名其妙的女孩。此爲養心，如此老婆到家，等於娶進一個聚寶盆，一個旣有賺錢的功能又有其他豐富的功能機器，投入永遠小於產出，這豈不大快人心的事。

綠色老婆者，要俯首唯從，一切以老公爲中心，老公是太陽，老婆是月亮，我是水來妳是魚，保持絕對的生態平衡。此爲養氣，大男人在家永遠老子第一、永遠有絕對的權威，豈不美哉。

最後，綠色老婆者，必然是沒有污染的，如果不是處女了，就像青菜、蘿蔔，一旦施了農藥，那就只能算作大衆菜身價大跌了。

我對「綠色老婆」的概念佩服得五體投地，要是娶上這樣的老婆，眞是太「環保」了。

自從朋友C知道綠色老婆的標準後，他對親愛的滿意度正在狂減，一天在飯桌上他甚至說出：「妳不夠綠色。」的結論。因爲生孩子她已經整整一年沒有上班了，家庭經濟已處於崩潰的邊緣。但他看到嬰兒車中的兒子，他又發現他也不是「綠色兒子」，從出生那一天起就不夠「環保」，不僅花他的錢，還佔用他的時間，不分晝夜地啼哭。

他現在發現自己的生活千瘡百孔，不夠綠色的地方像乞丐身上的補丁一樣多。

他的親愛的在爲「不夠綠色的兒子」買了尿布之後，口袋裡所剩無幾親愛的說：「我妹妹的老公，買了一輛高級跑車呢！」

他聽到親愛的長長歎了一聲「唉」。他敏感地發現，親愛的大概也認爲自己的老公也不夠「綠色」。

男人總是很無理，自己並不是那麼的「綠色」，爲何還強要求妳是綠色的，妳不禁要發問。瞭解男人吧！親愛的讀者，綠色的妳會使他改變，難以改變的長相會隨時間的推移使相愛的夫妻擁有相似的夫妻相，更何況小小的綠色，一句話，男人喜歡妳的綠色，進而也會變成綠色……

廿五、男人臨睡前的舉動會告訴妳很多

男人們總是十分重視自己的隱私，好像把生活中的片段都納入神秘的X檔案裡，讓想瞭解他們的女人們，無法一窺究竟。不過百密必有一疏，男人在臨睡前那短短的時刻裡，他們最自我的生活方式、心境，均表露無遺。希望妳能神悟到些什麼，就讓我們現在來掃描他們臨睡前的秘密行動吧！

1.睡前會先去泡一下酒吧的男人

他是個心情起伏落差頗大的男人，喜怒哀樂皆鮮明暴露。不過爲了讓大家看到他的成熟內斂，他會悄悄地隱藏自己的情緒，而到酒吧裡宣洩出來，尋求心理上的平衡。

對於愛情，他有著兩極化的原則：不排除一夜情，但仍會交往一個穩定並談婚論嫁的女子。他需要固定的關係來讓心情有所依戀，但短暫的激情又是他另一個情緒的

出口。所以當妳愛上這種男人要有心理準備，他是個跟著「心情」和「感覺」走的男人。

2. 睡前愛看電視的男人

他是個愛面子又有點空虛的男人，他在工作上力求表現，希望能一鳴驚人，獲得大家的鼓勵和羨慕，所以會以十足的毅力和努力來充實自己，在別人眼裡他是個十足的工作狂。儘管他在工作上或是自我期望上，都有著強烈的優越感，但當一個人時，卻有種說不出的空虛和寂寞，因而以多姿多彩的電視情節來排遣自己的空虛。

對愛情有著豐富的想像和標準，他是個心動之後要考慮很久才行動的人，除非對方是個完全合乎他標準的夢中情人，他才會拋開面子，積極、主動地向她示愛。

3. 臨睡前愛吃宵夜的男人

他有顆脆弱而敏感的心，在工作或人際關係上，情緒會壓抑、隱藏，無法宣洩出來，因此他會習慣性地靠一頓豐富的宵夜來滿足自己受委屈的心。如果妳愛上這樣的男人，不妨做他溫柔的傾聽者，讓他舒服地訴說，讓他把心中的壓抑傾瀉出來。

對於愛情，他希望另一半不是所謂的女強人，或會控制、批評他舉止的人，因爲喜歡溫柔小女人的他，渴望自己敏感的心能遇到一個體貼的情人，彼此平和相戀、相許。

4. 臨睡前做健身運動的男人

他是個企圖心十分旺盛的男人，對自己的期望很高，對於生命更充滿著自信心，希望終有一天能達到自己的目標。愛上這樣的男人，妳要有心理準備，他是很難被改變的，因爲他有自己的想法，且堅信必定成功，不過如果妳希望他有所改變的話，必須要用以柔克剛的態度和充分的理由，讓他心服口服，他才會對妳刮目相看。

對於愛情，他喜歡自己扮演「獵人」的角色，如果看上了某個美麗的獵物，他會運用各種方法去追求，所以妳千萬別主動追求他，讓他覺得妳沒有一點挑戰性，而失去追求的衝動。

5. 睡前看書又聽音樂的男人

他是個既按部就班又內斂的男人，對於自己未來的方向，心中早已有了藍圖。對

生命有著熱情，對工作也相當執著，最重要的是，他會反省自己的優、缺點。妳愛上這樣的男人，只要細心經營彼此的感情，除了日常生活要培養默契外，心靈的成長、對事情的判斷等，都需要妳平時多用心、多看書、多和他討論，千萬不可停止不前，否則會令他忍無可忍而離開妳。

他是個講究品味的男人，愛情的質比量重要，寧願和相愛的人天長地久，也不願交一大堆女朋友來滿足自己的虛榮。

一言以蔽之，正像我前面的話語中的「男人的心，大海之針」，但是，心是躁動的海底，雖隱藏很深，但是，細心的觀察家總能在看似平靜的海面發現海底的秘密。以上我只簡要列舉數種情形，生活中的他會不知覺中向妳暴露很多東西，只要妳有耐心肯感悟……

二十六、男人的軟肋，你的秘密武器

男人也是人，有血有肉，同樣有著不是那樣堅硬的軟肋，我要妳掌握男人的軟肋，個中要義並不是爲了妳的征服，再說征服永遠是一個雙向的循環，只能是相互的，尤其在男女之間，正像前文所說的，女人因服從而得到支配；男人因支配而淪爲服從。

在這裡我要妳瞭解男人、瞭解他們的軟肋，並不想讓你們相互征服，雖然征服並不是一件壞事，我僅希望妳能更好的理解並「懂」男人，妳會獲得更大的幸福，我堅信！

別因爲男人的「是！」、「不是！」、「不知道！」等等草率應付，妳就心軟而不再過問。

老實說，和男人正襟危坐討論嚴肅的事，對方除了避之惟恐不及，還可能出現惱羞成怒、猛按電視遙控器、裝聾作啞，甚至不惜表現快要腦充血等「常態」演出。這

並不誇張，歸究其原因，還不是認爲「說實話」根本不必要；若是處理不當，生命也容易遭受威脅。換句話說，非到緊要關頭，男人還是會自動避開這場「高壓電，請勿觸摸！」的風暴。

但，如何才能讓男人對妳知而不言、言而不盡？雖然這不如想像中簡單，不過，在妳屢試不爽，仍留有一口氣繼續長期抗戰時，試試以下的策略，說不定還有機會可以扭轉乾坤、反敗爲勝！

◎策略一：保持心平氣和，切勿單刀直入

大多數女人企圖以義正辭嚴來感化對方，卻適得其反。不相信嗎？妳是不是習慣一開始就說出「我們眞的需要談談了！」、「我可以問你一件事嗎？」等話語？相信我，聽見這樣的話，男人一定是歇斯底里的無以復加，他所想到的最糟狀況，全部都會一股腦兒浮現：是不是妳想分手？還是妳不小心懷孕了？任何異想天開的念頭，他都有辦法在短時間內想像出來，他這副德性，哪還有耐性聆聽妳巨細靡遺地道出心中事。

所以，妳若眞的有要事找他，不妨利用「迂迴」的談話技巧，讓他把妳當成哥兒們，方有可能無話不說。至少，在他膽顫心驚的同時，妳也不會嚇得手足無措，因爲妳早知他葫蘆裡賣的是什麼藥。

接著，把兩人愉快的經驗分享當成暖場，然後再「趁虛而入」，有意無意地帶出「爲什麼最近的生活不像往常」般的口吻進一步試探。當然，咄咄逼人只會讓氣氛更形尷尬，循序漸進才能找出問題核心。

◎策略二：字字珠璣，脫口而出的每句話都是關鍵

千萬別自討無趣，任何觸及內心世界的眞相，稍有不愼，男人翻臉絕對不輸翻書。尤其在溝通過程中，最好避免使用任何犀利字眼，像「我們之間完了」、「你到底想怎樣」、「反正這是遲早的」、「我已經受夠了」等情緒化的措辭。別抱怨事先沒知會妳，在妳合上嘴巴後，請睜大眼睛仔細端詳，看看這位仁兄除了臉紅脖子粗外，是不是也開始摩拳擦掌，準備點燃戰火。

相反，與其和男人針鋒相對，不如轉個彎改變一下問話技巧。比方，問他「你覺

得怎樣？」還不如改問：「你有什麼看法呢？」這麼做，說不定還能獲得弦外之音；而此時此刻，男人也像手到擒來的獵物，一步步走向妳所佈下的「陷阱」。話說回來，這也是他心甘情願的，不是嗎？

◎策略三：別瞪大眼睛，像個測謊器般緊迫盯人

另一個女人常犯的毛病，就是當男人好不容易準備對妳實話實說，妳那兩顆水汪汪的烏溜大眼，便像貓捉老鼠般，直盯著對方瞳孔不放。

老實說，男人不習慣，更不好此道。因爲在男人的觀念裡，直視他眼睛不放的，只有下列情況：不是有人想挑釁，要不就是偉大的母親大人，否則，也只有律師才膽敢如此了。然而，若不幸面臨此等窘境，男人除了本能性的防衛，最糟的也只有訴諸武力來解決了。

其實，要男人對妳實話實說絕無想像中困難，如果妳找不到任何時機，善用閨房之樂的氣氛，倒也是個不錯的方法。少了互瞪的敵視，親密的肌膚之親更能解除心防，男人也更容易敞開心胸、侃侃而論。尤其當女人依偎在他寬厚胸膛，大男人心理作祟

的優越下，妳肯定是他急於呵護的不二人選。如此天時、地利、人和，他哪來的時間與妳斤斤計較！換句話說，在他暫失去「自我防衛」的本能，其實也昭告著「對妳掏心」的時刻來臨！

總之，妳必須學會「懂」男人，這是妳必須掌握的一大藝術或者說技巧，妳不妨試試看……

廿七、男人們其實也不想出軌，只是「不得不」

目前離婚率逐年上升，而且現代文明的法律也存在著鼓勵離婚的價值趨向，背後的原因各式各樣，不勝枚舉……隨著離婚率的上升其中已婚男性的出軌率更在彰顯強勁的飆升之勢，爲什麼？我們大家不禁都要問：他爲什麼會出軌？我要說的是其實他們也不想出軌。

首先，還是從男人的出軌心理分析。

一、補償心理

有的人因爲夫妻分居（妻子懷孕），寂寞難耐，或者因爲夫妻一方有生理缺陷，生理上得不到滿足，或者夫妻關係不和，因而主動尋找第三者或樂意接受第三者予以補償，從而形成婚外情。對於這一點我們是容易發現並補救的，大家都知道性生活並非夫妻生活的全部，只要夫妻之間加強聯繫，感情上多溝通，心裡念著對方，生活照樣充實，又何須補償。

二、欠情心理

有些情人最終未能成爲眷屬，雙方各自成家，或一方成家後另一方不願成家依然暗戀著對方，當一方生活困難或夫妻感情不和時，另一方覺得還欠著對方的情因而主動投入舊情人懷抱，舊情復萌，從而產生婚外情。有情人未必都能成眷屬，既然雙方已各自成家或對方已成家，就應面對現實，珍惜夫妻感情，當對方生活有困難或夫妻感情不和時，用婚外情來報答對方的情，與其說是幫助對方，倒不如說是傷害對方，實乃於事無補。

三、圖貌求異心理

有人因爲貪圖女方的美貌，總想從其身上找到自己從情人身上尋不到的東西（這

種對新鮮感的追尋是任何男人都具有的，男人如果否認這一點的話，除非他在騙妳，否則就是在撒謊），於是他們就向目標女性主動示愛，從而產生婚外情。美好心靈提示：外表美，隨著年齡的增長會自然消失，只有心靈美才是永恆的，像美酒一樣，時間越長越香醇。因此，最重要的是要善於發現配偶的優點，獻出自己一片眞情，這樣，情人的眼裡自然會有西施出現。

四、好奇心理

有的夫妻生活平平凡凡，覺得索然無味，而電視劇裡男主角卻與情人愛意纏綿、浪花迭起，過得多姿多彩、瀟灑自在，自己也想體驗一下這種生活，於是，在這種好奇心裡的驅動下，產生婚外情。

此外，還有享樂心理、相悅心理、互利心理等等多種心理原因和出軌動機，在此不再贅述。這些心理因素如果妳及早發現並給予矯正和滿足，他們是不會出軌的，其實，他們並不想出軌，只是爲了滿足長期難以從妳這裡得到滿足的心理訴求，相愛的你們須相互的支持和滿足對方的需求，這樣你們的生活才能是平衡的和諧的。

雖說男人生性花心，但只要控制得好，也不是那麼容易得逞的。尤其是在以下幾個男人容易出軌的關鍵時刻，只要把握住了，就可以及時掛起風帆，做好預防措施，防犯於未然。

一是太太懷孕前後。因爲這個時期太太往往自顧不暇，所以一些玩性未泯的丈夫便容易表現出煩躁不安，悄悄向其他異性找安慰，在此，要提醒女士們的是，不要把「男人」想像成聖人，他是愛妳的，但是，這並不妨礙他們出軌。爲此，懷孕期間的太太要努力克制自身的情緒波動，儘量保持自身的吸引力，尤其要運用好準母親與準父親這種角色喜悅來增進雙方的感情。

二是分居以後。如果是因工作等原因無奈分居兩地，保持密切的聯繫是必不可少的。現代的聯絡方式各式各樣，書信、電子郵件、電話等都可以綜合運用，儘量織起感情的天羅地網。當然，節日或一些特別的日子（如生日、結婚紀念日）最好能安排時間相聚。至於因爲矛盾衝突而人爲的分居，則應用解決問題的態度冷靜對待，不應一味地賭氣，因爲賭氣只能讓人瘋、讓人尋求感情的外遇。而且這種分居只能是偶一爲之，還應該定一個短時間爲限。一旦分居成了習慣，那麼分手就很容易成爲事實了。

三是工作發生變化時，如丈夫失業、工作受挫等。人是需要在工作中尋找立身處世的支點與快樂的，一旦面臨失業、失意的處境，難免就會心情宕蕩、茫然若失。如果這時得不到太太強有力的關懷與支持，就很容易使感情從家庭中出走，太太千萬不能大意。

四是地位發生改變時，如丈夫升了官，發了財。所謂飽暖思淫欲，這是不言而喻的。丈夫的進步，太太除了高興之外，自身也會有壓力感，並努力把壓力變爲動力，不斷尋求進步。千萬不能抱持夫貴妻榮的老調子，因爲這只能使妳坐享其成、不思進取。一旦丈夫覺得妳趕不上潮流，就可能獨自跑走了，到時妳只能望塵莫及，哭也沒用。

五是家庭發生變故時。有一個例子，一對夫妻本來恩愛有加，沒想到三歲的女兒突然因病夭折。巨大的悲痛之下，太太整天埋怨丈夫沒有照顧好女兒，這使丈夫不堪折磨，只好選擇逃避，外出喝酒、賭博、夜不歸宿，直至有了婚外情便棄家而去。所以，當類似情況發生時，指責、埋怨、憤恨、掙扎都是無補於事的，只有平和、積極、同進退的心態才能面對不幸。這一點對於比較情緒化的太太，尤其值得注意。

六是與婆家有矛盾，使丈夫無所適從時。婆媳不和常常會拖累婚姻。這對於丈夫是一個頗棘手的同題。當他無法處理的時候，就會自暴自棄，獨自逃離。

以上所述，自然不能概全。但守住關隘，便可以讓城池不失。把握好以上幾點丈夫容易出軌的關鍵時刻，就能事半功倍，保有幸福美滿的家庭。

還是一句話，男人其實不想出軌，只要妳處理得當他們就出不了軌。

不想出軌的男人出軌了，妳該怎麼辦？來自心裡的安全是妳唯一明智的選擇，讓我們聽聽文靜的故事吧！

如果不是親眼所見，文靜無論如何不會相信老公竟然有了外遇。那天當她從門口聽到了發嗲的笑聲後，才證實了外人的傳言，頓時像背上了負重，無法邁開腳步。

這時的文靜和所有受傷的女人一樣有兩個選擇，一是當場大鬧，把問題弄個水落石出，而後和背叛的老公徹底分手；二是暫且離開，待情緒冷卻後再做判斷和處理。文靜選擇了後者。

接下來的日子文靜報考了一個英語班，力圖在學習中分散精力，也想在新的生活裡重新找回自我。後來，當過往的傷痛眞的成爲回憶時，老公在甜蜜的激情過後問文

靜：「親愛的，妳當時爲什麼能那麼英明？」文靜深情地看著老公平靜地對他說：「因爲我知道，最安全的地方不在別處，它在我的心裡。」

心理分析1：找到心裡的安全，妳就找到了自己的歸宿

找到了心裡的安全，妳就找到了自己的歸宿，這個歸宿不是別的，就是妳對生活的希望和熱愛。實際上，眞正有價值的生活不在生活本身，而在於我們對生活的希望和熱愛。有了希望，人就有了生活下去的勇氣；有了熱愛，人就有了生活得好的動力。而這個勇氣和動力都不在別處，它在我們的心裡，正是這兩樣東西構築了我們心裡的安全，在我們失落時給我們信心，在我們孤獨之際給我們力量。

這裡，從痛苦中走出的文靜願意和妳分享心裡的安全的積極感悟。

心理分析2：心裡的安全讓妳學會給予

有了心裡的安全感，妳就不害怕給予了。所謂無欲則剛就是這個道理，尤其在妳的感情生活發生問題時，這時妳想到的不是自己，是兩個人的幸福。這種冷靜的思維特別有助於妳找到問題的癥結和出口。

心理分析3：心裡的安全教妳接受情人的完整

俗話說：「金無足赤，人無完人。」男人、女人都一樣。沒有完美的男人，天下也沒有完美的老公。天有陰晴圓缺，人有優點、缺點，情人暫時的出軌固然令妳痛心，如果能從積極角度想問題，妳也可以把問題當成進一步完善關係的信號。爲此心裡的安全教妳接受情人的完整，只有接受了他的全部，妳的愛才能變得更單純、更有力量。

心理分析4：心裡的安全給妳面對變化的抗受力

生活變幻莫測，感情也變幻莫測。只要有了心裡的安全，妳就等於握住了心理上的方向盤，這就是面對變化的抗壓力；不管對方怎樣變化，妳都能以處亂不驚的沉穩把握航向，把兩人帶往幸福。

廿八、男人爲何戒菸這麼難？他們也想過戒掉它

男人的菸和女人的香水是同等範疇，男人愛菸、女人喜香水，男人很多時候以香菸妳的好壞來一比地位、身分的高低；女人也常以香水的高貴和種類的多變彰顯自己的個性和家境。

抽菸的男人離不開菸正像愛美的女人捨不得香水。

男人們大多是老菸槍。讀書、上網、閒坐，與朋友聊天，一杯茶、一根菸，方能正常發揮。若缺其一，如鯁在喉、如刺在背、如坐針氈，辭不達意，主客不歡也。

大多老菸槍是這樣認爲的，「人生苦短，貴在適意，爲保臭皮囊於世間多成全幾日，犧牲個人癖好，身心不得自在，多活幾年又能如何？」、「爲了慶祝戒菸第一天，我想抽一支，明天繼續慶祝，嘿嘿！」、「菸熏肺能讓人活得更長，熏肉就比鮮肉保存的時間長，我爺爺抽菸，都快活到九十歲了，這事一直是我抽菸的動力。」、「我是個抽菸很優雅的男人，特別是煙圈吐得好，後一個菸圈能從前一個菸圈裡穿過去。哈哈！」

對於香菸。男人是不需要太多的理由去愛上它的。但是，又有誰去瞭解抽菸的男人背後那難以傾訴的故事呢？

終於靜下來了。像渴盼了許久似的，禁錮了一天的心舒展開來。像往常一樣，把身子陷入鍾愛的角落裡，它那樣柔軟、豐滿，一如男人們久久渴慕的溫暖的懷抱。那閃過的火花點燃手邊的菸，深吸一口，然後看那潔白的煙徐徐地彌散開去。男人們就醉了般地閉上眼睛，身子陷進去，再陷進去，任憑滿心的柔情肆虐地散出去，充斥在這小屋裡，蹂躪著屋內的每樣物品。啊！此時男人們會慵懶地輕歎一口氣，眞愛上你了，這美妙無比的午夜。

香菸好似男人們的情人，在他孤獨的時候，以一種致命的誘惑，讓其陷進那濃濃的情愛裡，放縱著自己，肆無忌憚地，他們好滿足、好欣慰！

菸對於男人正如用香水分辨女人的品位是最常見、最聰明的方法，雪茄和菸斗是

判定男人品位最直接的方式。

切換到一百五十年前，縱橫在美洲大陸的男人嘴裡總是叼著雪茄，那種野性的男人味隔著白色的電影銀幕都能聞得到。

而在同樣年代，歐洲的勳爵、男爵、老牌紳士都銜著菸斗，伴隨著睿智的話語和優雅的發音，你能看見他們吐出的煙霧。甚至還有我們少年時的主角福爾摩斯，而配角華生就沒那麼幸運和有型，他抽的是香菸。

白蘭度一根雪茄抽到老，年輕時雪茄是牛仔的道具，老了，雪茄就是教父的武器。但不管怎樣，雪茄這東西總是帶有些強悍的味道，充滿著霸氣，在陰冷的電影中，明滅的菸斗就是教父的心跳。

喜歡雪茄的男人不少，其中有個原因據說是吸完菸斗的第二天，鬍子會特別濃密，加上身上淡淡菸草味道，性感得像奔跑的豹子。

可是並不是所有的男人都喜歡菸斗這種沉穩的東西，除了船長。記憶中好萊塢電影中的船長似乎都抽菸斗，站在駕駛室指點江山，用菸斗遙遙一指，說：「右，五度。」

很少有既適合雪茄又適合菸斗的男人，正如強悍和優雅不可兼得。但史恩・康納萊是個例外。讓我們想想英國爵士勾魂奪魄的眼神吧！誰敢說他是六十多歲土埋了半截的老頭子？

好的菸具對於男人就像化妝盒對於女人。只是，男人們得有豐厚的底蘊來支撐這一切，否則給人們的印象就只有：吞吞吐吐。

廿九、男人最愛妳床上的呢喃

男人性高潮非得靠偉哥?!或者說偉哥眞的能夠讓男人們順利達到性高潮嗎？但是，答案往往不是這樣，有不少男人會說，恰如其分的話語更能激發他的行動力！男人最怕女人在床上做什麼？答案是「嘮叨」，據說這是使得男人速戰速決的最好方法。

難道男人都希望女人在床上噤若寒蟬嗎？其實不然，適當的枕邊細語，即是最佳催情偏方，這要比性感內衣、補藥都來得有效。以下是我們採訪的一些男士，看看他們喜歡怎樣的床上呢喃吧！

激情檔案1：讚美

中國人較吝嗇讚美別人，但是，我的她卻是個嘴巴很甜的女人，往往她的幾句稱讚，就鼓舞了我的自信，使我飄飄然；和她做愛，整個過程都好愉快。

她喜歡邊吻我邊讚歎著我的唇好軟、下巴好性感，輕咬著我的耳垂誇它可愛。她也會順著我的胸膛往下滑，探到了肚臍眼時，迷戀地笑著撫玩。我知道自己並不完美，甚至連帥哥都稱不上，但是看到了她注視我的眼神，我覺得自己是最驕傲的。

我通常都會再也忍不住地侵入了她。只有在她面前，我感到自己是個十足的男人，充滿魅力，無須掩飾自己，希望能以自己的一切回報予她，讓她做個最快樂的女人。

激情檔案2：外國話

有個朋友是這樣說的：我的女友是位法國人，但是我對法文卻一竅不通，平時的交談我們都使用中文，只有一種情況例外，就是她快要進入高潮的時候。每當她在床上開始閉起眼睛，達到忘我的狀態時，總會忍不住地說起法文。這對我來說即是一種信號，因爲我知道我又使得她飄飄欲仙了，而我也知道該如何控制我自己的速度。她說的法文我一句也聽不懂，產生了一種異國而神秘的刺激感，有一些陌生，不像平時的她。

曾在一部電影裡看過類似的情節，女主角在關鍵時刻激狂地說起了土著語言，男主角因此而被鼓動不可自抑，一場熱烈的性愛於是完成。我也曾問過一位女性朋友，她說她的法籍男友也愛她在床上呢喃些他聽不懂的中文，似乎外國語的效用放諸四海

皆準，但訣竅是，一定得挑對方完全聽不懂的語言。

激情檔案3：呻吟

女友的呻吟總是令我很興奮，有一種征服感，好像她已被勇猛的我「折磨」得臣服了。

激情檔案4：童語

我很喜歡女孩子向我撒嬌，尤其是童言童語的像個小女生一樣，不曉得是不是男人都隱約有些「戀童」傾向。一次我女朋友突發奇想，在我正面進入時忽然說：「你不能欺負我喔！我還是處女耶！喔！第一次好痛喔！……痛」我眞的覺得她好像是處女，馬上忍不住欺負了她，事後又覺得有種很想好好疼她、保護她的心情。我好喜歡她那種小孩子的口氣，也喜歡她滿足我對「處女」的嚮往。也許你們認爲這太大男人了些，但是沒辦法，男人就是喜歡這樣。

請親愛的讀者記住，不要把性作爲懲罰、控制男性的工具，那是男女雙方共同的幸福體驗。床上的妳應有足夠的溫柔，千萬不要把生活中的瑣事拿到本來幸福、美滿、溫存的床上來，妳以爲那樣會讓男人們接受妳的觀點、接受妳的看法、按照妳說的去做，其實，這樣的結果只是適得其反，妳不只達不到理想的目標，反而失去了生活的快樂，時間一久便會形成惡性循環。還有一點想說明的是，妳知道這種方法誰會採用嗎？所謂的「美人計」中的女人，她們達到目的的方法就是這樣，她們沒有其他選擇，不像妳，妳有的是其他的時間、其他的方法。

妳不會想整天表演不成功的「美人計」吧！一句話：親愛妳的男人喜歡妳床上的呢喃……

三十、男人也愛聽謊言，雖然他們表面很理性

正像女人們喜歡一遍遍不厭其煩的追問：「你愛我嗎？」雖然自己早就給了答案而且要求男人做出絕對的回答，男人也需要妳的「美麗謊言」，儘管他們不會主動的問，但是身為女人的妳要主動的回答，甚至在他們並沒有發問的時候。

妳應該學會這些「謊言」，而且要把它們說得盡可能的「美麗動人」，它們是生活愛情的潤滑劑。

一、你是對的

妳的男友出類拔萃，可是總有些盛氣凌人的感覺。特別表現在和妳談天說地的時候，總是喜歡爭論，而且一定要分個高下，當然如果是妳高他下，他肯定不會停止。

他會在馬路上突然提高音量，爲了電影中某個角色的演技高低和妳較勁，妳不願意和他在一些無傷大雅的問題上大費唇舌。此刻，提高音量和他針鋒相對顯然是欠明智的，妳需要給男人一點面子，哄哄他：「你是對的，說得很有道理。」暫時的退讓只是爲了日後更好地取用，妳終有一天會讓他輸得心服口服。

二、我愛運動

男人對體育的狂熱我們永遠無法理解。他總是一下班守著電視看球賽目不轉睛，一上床就抓起運動雜誌看得眉飛色舞。他看了美國大聯盟，看了中華職棒，接著進入NBA看喬丹、看姚明。如果妳告訴他，妳也喜歡運動，並且坐下來陪他看看足球，妳就能夠迅速地殺入他的世界。如果有一天，妳受不了他每天看著運動雜誌卻看不到妳，就可以對他說：「我愛運動，特別愛和你一塊兒運動。」接著妳就拉著他的手去公園慢跑，拖著他到江河湖海去游泳，順便看看落日。如果他膽敢不從，妳就一針見血指出他是光說不練的僞運動迷，男人臉上掛不住了，他就會依妳了。

三、我不介意你看別的女人

當男人的眼珠直溜溜地盯著超市裡那個紅髮少女時，妳怒從中來，惡向膽邊生。儘管妳沒有沉魚落雁之色、閉月羞花之容，妳希望男友的眼睛總是老老實實守候著妳，從一而終。一旦男友的眼珠「走私」，妳想用劈空掌隔山打牛似的將潛在的情敵打飛，或用吸星大法將男友的視線牢牢控制在妳方圓N平方公分內。完全不必當衆翻臉給他難堪，最好的辦法是說一句言不由衷的謊言：「我不介意你看別的女人。」再找機會暗示他「己所不欲，勿施於人」。如果他好像還是不太明白，那麼妳和他在一起時做出誇張的觀望態勢，全天候掃描過往的帥哥。他在感覺到有些醋意的時候就會收斂了。

四、我不介意你有多少銀子

現在市面上有很多少年得志、腰纏萬貫的男人，可是你的男友現在只是一個囊中羞澀的上班族。妳愛上他，不是因爲他的存摺，而是因爲他的本身。因爲他健康、勤奮、幽默、善解人意而又忠實可靠。妳選擇他是因爲妳認爲他是潛力股，他會富裕起來，他會讓妳的後半生過著物質文明和精神文明雙贏的生活。沒錯，這是妳的如意算盤。可是現階段他的確沒有購屋、買車的能力，爲此他時常向妳道歉，抱怨自己沒本事，讓妳受苦。此刻，無論如何妳要編出一個美麗的謊言：「我眞的不介意你有多少銀子。」

五、我喜歡你的朋友們

他的狐群狗黨大口喝酒、大塊嚼肉，事業無成卻依然高談闊論，簡直是不知天高地厚。這些臭男人妳看不順眼，可是對他而言卻很重要。就算他們中偶有優秀的人士，妳也不願意總有個燈泡照亮妳和男友親密的眼神。那怎麼辦呢？說妳不喜歡他們嗎？他會認爲妳挑剔、認爲妳不給他面子、認爲妳不認同他的友情和義氣。所以，妳心裡再怎麼不高興，千萬別說出來，說出來就傷了他的面子，也傷了他的感情。所以，如果不得不和那些臭男人們一起宵夜，學著喜歡他們吧！至少也要假裝喜歡他們。然後，慢慢用妳的日程蠶食他的時間，悄悄減少他和狐群狗黨的「友好訪問」。如果有天他突然發現，怎麼好久沒聚會了，妳也可以笑瞇瞇地說：「是啊！還眞想念他們。」

生活中有很時候男人是固執的，妳不可能短期內改變他，他需要的是時間的說理，而不是妳所謂的眞理性的說教，妳也許是眞理的持有者，但是，他要在自己心裡尋求最終的答案和證明，所有的一切都不是妳的眞實的說教可以達到的。

這些所謂的謊言是一種策略而不是眞的謊言，它是妳面對男性的一種理性選擇，是妳幸福家庭、和諧夫妻關係的靈丹妙藥。

六、讚美是另一種美麗的謊言

男人需要讚美，尤其是妳的讚美，無論什麼樣的男人都需要，對親愛的女人的讚美他們更是需要。人們常說女人是用耳朵來生活的，讚美是女人生命中的陽光。其實，男人也一樣，他們一樣喜歡聽到他人對自己的肯定和讚美，這會讓他們有一種價值感，並由此充滿自信。

可以說，恰到好處的讚美是打在男人身上的一劑強心劑。通往男人內心的道路，必定要通過男人自尊心這一瓶頸。要知道，奉承可以讓妳走遍天下無敵手，當然也是對付男人的法寶。

對於成功的男人——成功的男人是介於傳統社會對男性角色的定位——挑家立業者，使得男人非常在乎自己在別人心目中的形象，他的自尊心和他的工作、事業密切相關的工作，任何人對他工作做出評價都會讓他反應敏感。因此，無論男人從事的是高科技的職業還是普通的工作，他都希望妳對他的事業成就喝彩。

正因爲男人期待的是妳對他個人事業成就的關注和認可，所以那種用在任何人身上都可以的泛泛溢美之詞，諸如：「你很有能力或魅力」之類，只能讓他感覺妳是在敷衍，最恰當的方式是對他的一些個人特色進行讚美。一位成功的商人曾說：「有很多人整天對我說：『你現在的成就讓我很羨慕。』我都聽膩了，錦上添花的奉承讓我一點也不覺得感動，倒是：『你的成功是因爲你在產品定位方面有著超人的識別能力』這類的話，讓我著實興奮了許久。」

當然，對成就男人的讚美也不一定只有用語言表達這一種方式，有時候，做一個聚精會神的傾聽者，也會讓他因被欣賞而沾沾自喜。

對於一位紳士——所謂風度，是男人在言談舉止中透出的一種味道。不要以爲男人真的是散淡隨意、瀟灑不羈，其實他們是很在乎別人對自己舉止的評價的。曾經有

一位女友說起他和男友分手的原因，只因爲她在一次朋友聚會上調侃了男友的急促，就大大傷了對方的自尊心，回了句：「既然妳認爲我沒風度，那麼分手好了。」

事實也是如此，行動比語言更有說服力，只有當妳對對方的言行舉止很滿意、很欣賞時，妳才會愛上他。而在這方面讚美男人的聰明之道，也是拿他和別的男人比較，表現出妳的欣賞。

範文說：「有一次，我和女友乘計程車，下車後我替她打開車門，她說她以前遇到的男人從來不知道什麼是紳士風度。這句話滿足了我的自尊心，也讓我覺得自己是個很受歡迎的男人。」

對於儀表堂堂的男人——許多男性承認，他們在關注女人閉月羞花的同時，也希望自己貌比潘安。

但是同樣因爲社會角色定位，男人特別害怕女人把他們當作繡花枕頭，因而他們對於女人對他們外在形象的誇讚是特別敏感的，讓女人興奮的「你長得眞漂亮」、「你穿得眞好看」之類的話，會讓男人覺得特別不舒服，在他的解讀，這蘊藏著一種嘲諷，好像說：「妳有些娘娘腔，你怎麼像女人一樣愛打扮。」所以說，要眞的想對男人表達妳對他外形的欣賞，還須審時度勢，不可大意。

最後，針對男人自視清高的心理，有一點妳還須提醒自己，那就是永遠不要對一個男人說，他長得或行事像某個名人，也許攀緣明星會讓妳信心倍增，但對男人而言，這是對他自尊心的侵犯。

記住，無論一個男人長得美醜、事業是否成功，他都希望自己在妳心目中是最棒的，這是讓妳的讚美贏得他的心的關鍵。

卅一、男人的鞋子和男人

正如前文所說，男人是個愛珍藏秘密的動物，在妳看來他們的行爲似乎毫無意義，但是，他們卻一直在那樣做並會堅持這樣做下去。本文試圖從男人的鞋子透視男人深藏的秘密，不信的話，妳可以實踐以觀後效。

1. 鞋子與男人的愛情觀

男人們並不喜歡大談特談自己的性格、喜好，大部分時間，男人喜歡將自己隱藏起來。好在想要瞭解一個男人的途徑並不只限於他的主動敞開心扉，每一個男人都不自覺地有他生活上的「慣性」，而這些習慣就成爲他和妳平常相處的關鍵。所以，從男人最不經意的「鞋子」和「穿鞋習慣」就能瞭解到他們內在的一些資訊。

常常碰到這麼一種場景：問一個男人有幾雙皮鞋？男人想也不想就回答：「兩雙！一雙運動鞋，另一雙則是配休閒裝的運動休閒鞋。」男人覺得這是是天經地義的事情，在女人看來似乎是在糟蹋自己，女人會想：這個男人的背後肯定沒有一個支持他、愛護他的女人。

不過有一點需要說明，男人的物品若是一定要在數量和質量上做選擇的話，那麼他們堅持的則應該是「寧缺無濫」的原則。

那麼男人到底應該擁有幾雙鞋？專家的建議讓許多男人感到了自慚形穢，什麼波鞋、皮鞋、涼鞋、運動鞋、靴子一應俱全，只差女人的專利——高跟鞋了，而且專家鼓吹男人要緊跟時尙潮流，要將服裝和鞋子搭配得天衣無縫，比如今年流行的蛇皮紋，女人們將它們穿在身上、腳上，並戴在手腕上，在這個男女平等的時代，當然不能遺忘了男士。瞧！蛇皮紋皮鞋穿在男士腳上也很有看頭。

問了幾位「會過日子」的男士他們有幾雙鞋，回答頗爲經典：「三、四雙吧！黑皮鞋、咖啡色皮鞋是必不可少的，外加一兩雙休閒鞋就夠了。」一個成熟的男人是千萬不能穿涼鞋的，他們近乎固執地堅守著這道在時尙人士根本不存在的防線。

而有些男人認爲生活越簡單越好，買一雙品質好的皮鞋，惡狠狠地穿，穿壞了再買一雙，不必像女士般的繽紛萬千。但保持皮鞋的乾淨、整潔倒是非常重要的，有趣

的是這方面的經驗男士要比女士多。那麼怎樣從男人的鞋子解讀一個男人呢？和他跳舞時看看他的鞋子，不刻意地詢問他穿鞋的習慣，就能更進一步瞭解他內心深處對待愛情和生活的態度！

2.重複購買固定鞋子式樣的男人

這種類型的男人是很念舊的男人。對於自己習慣的人、事、物，總有一份深深的依戀，就算他的情人無理取鬧、任性、孩子氣，他也會以一種包容的心去待她、愛她，直到她漸漸成熟、明理。而他的「老朋友」很多，對朋友十分講義氣，讓老朋友覺得他是個值得信賴的靠山，他會爲朋友出頭且適時伸出援手。

因此，妳若是愛上了他，成爲他的另一半時，不妨多傾聽他的煩惱、多體貼他的生活細節，彼此的情感要以穩定成長的方式進行，並且，別忘記要和他的「老朋友」們也能打成一片，擁有共同的生活話題。

3.節儉穿鞋的男人

買一雙鞋子之後，他就非常珍視它，希望鞋子能穿久一點，可以節省一筆置裝預算，而他鞋櫃中的鞋子，「鞋齡」都很長，讓妳印象深刻。在個性上，他是屬於拘謹、放不開的保守型男人；在為人處事上不夠圓滑，常常會得罪人而不自知；在人際關係上的格局較小；在專業領域中，他會因默默努力，而有成功機會。

因此，妳若是愛上了他，小心！他可是一位「內心熱情」的男子。第一次約會時，心中就對妳有著無限的遐想，希望能早日和妳變成戀人，兩人能一拍即合、親密不過。他那拘謹、保守的個性，又壓抑著他內心的波濤洶湧，不太敢向妳表白，讓妳摸不清他眞正的想法。所以，妳不妨主動一些，多製造一些機會讓他表白，更能加速彼此的情愛溫度，邁向人生的另一個階段。

4. 隨隨便便穿鞋的男人

這種類型的男人是不在乎自己穿什麼鞋子的男人，亂穿一通。有的時候鞋子與衣服一點也不相配，哪怕是鞋子早已破損、式樣過時，他也無所謂，甚至沒有穿襪子，襪子已破損、穿錯，他都可以忍受。在個性上，他是個不拘小節的男人，常常眼高手低。私生活沒什麼條理，又喜歡作白日夢，相信總有一天自己可以一步登天，容易過著自欺欺人的生活。和他剛約會時，他會刻意安排約會地點，注重氣氛和情調，但隨

隨便便就打發了。他注重的是物美價廉的消費，除非他自己想要吃頓大餐，否則他絕對不會主動邀約。妳若是愛上了他，會發現他的感情世界紛亂複雜，常常是忘不了舊愛，又拒絕不了新歡。三角戀、四角戀糾纏在一起，而當一切紛爭引爆時，他會選擇「逃開」、躲避現實的方式，使愛他的人痛苦不堪。所以，小心別太快愛上這種男人喔！

5.愛穿正式黑皮鞋的男人

這種類型的男人是習慣穿正式黑皮鞋，並且把鞋子擦得閃閃亮亮，絕對不能忍受自己穿雙髒鞋子或舊鞋子出門的大男人。

這種類型的男人，若是連休假或約會時，都習慣穿他那正式的黑皮鞋，妳可要有心理準備。他可是個不折不扣的大男人主義傾向和傳統男人，對母親的意見十分看重，妳要贏得未來婆婆的喜愛，才有可能從他的女朋友變爲他的妻子。妳若是愛上他，可別想左右他的想法，他有一套屬於自己的待人處事原則，絕對不會因爲妳而改變，他會要妳認同他的看法，甚至包容他的一切。

6.愛穿休閒鞋的男人

這種類型的男人是注重休閒生活和注重生活品味的男人，對於鞋子要求很高，不但要舒適，而且更注重鞋子款式，一定要搭配服裝。在個性上，他喜歡掌握主動權、主觀意識強，對自己的要求很嚴格，對異性的要求更是挑剔。在生活上，是個有規律的計畫者，但是偶爾會在聖誕夜或生日舞會中狂歡，和他約會時，妳可以感覺得到他是個十分體貼的好情人，態度溫和有禮，言談風趣幽默，很容易將約會氣氛變得融洽。他也是個十分瞭解自己喜歡什麼樣女孩的人。所以和他約會時，即使妳不合他的理想，他也會很親切地送妳回家，但是，別以為他對妳有好感，他只是有紳士風度而已。

卅二、男人們很需要心靈空間，否則會窒息身亡

男人有著與生俱來的「保密」體質，而且隨著人類的演變，這種「保密」本能逐漸完善。男人的秘密隱藏得越來越深，隨之而來的快感就越來越強烈。

「保密」體質的演變，德國烏爾姆大學的古人類考古學家在比對了尼安德特人和現代人的生活方式後，發現尼安德特人身強力壯，善於捕獵，卻在冰河期到來時全族滅亡了。而相對柔弱的現代人卻生存了下來，正是因爲現代人更善於把剩餘的食物儲藏起來，挨過了那段艱苦的日子。因爲在寒冷的冰河期尚未到來時，強壯的尼安德特人把獵取的動物全部吃掉，第二天再狩獵獲得食物，他們沒有儲藏的意識。而我們的先人（無論是非洲還是亞洲的）卻把獵取的大型動物分成小份，風乾醃製，夏儲冬用。當大風雪來臨時，尼安德特人一批又一批地倒下，我們的先人卻躲在自己的小窩裡享用過去的儲藏。這種善於藏匿習慣的基因來源，經烏爾姆大學的學者們研究，就存在於Y染色體，所有男人都不得不繼承了這種基因。學者們提取尼安德特人和現代人的基因樣本做比對，兩者的Y染色體的部分鹼基對排列非常不同，這也許會造成大腦結構的差異，並進一步使思維方式產生不同。

男人保密的方式與女人不同，金錢、權力已不能構成他們保守秘密的全部，更深層次的保密更能帶給他們身體內部的快感，這種現象可能也是一種來自基因的渴望和本能。

「打死我也不說！」男人在堅守秘密的過程中，大腦皮層的不斷刺激讓人體的腎上腺素分泌倍增，致使心臟搏動增加，血管收縮，無形中會使血壓上升，人就會不由自主地緊張。與此同時，大腦裡的腦啡因（一種類我們可以從Y染色體的部分鹼基對排列中，找到男人隱藏秘密的生理基因。似於毒品的神經遞質）也在不斷地增加，這讓人產生一種類似於吸毒的快感，如果男人的秘密沒有被識破，讓男人感覺異常良好。「打死我也不說」的英雄感就來自於這種腦啡因的蓄積。當然，如果事後再有人能讚揚他的話，他就要欲仙欲死了。美國約翰霍普金斯大學的醫學家們做過這樣的實驗，

有兩組人，一組感到自己總能保守秘密，而另一組總是被挫敗，爲時一週，再測定他們體內的腦啡因水平，前組是後組的十二倍。說明這種保守秘密的英雄感讓人的心情處於欣快狀態。

原始基因與現代制度的撞擊，男人可以用各種方式獵取自己的女伴，以解決這個問題。而現代社會爲了穩定而採用的一夫一妻制卻沒有顧及到男人們來自原始的需要。所以，一旦有「土壤和陽光」，「獵取女伴」這株植物就會發芽。而這因爲與現代法律和道德制度相衝突，男人們不得不隱藏著自己內心的密。

關於性焦慮的秘密，男人們對自己性方面的焦慮往往是沈默的，沒人會對這種挫敗感大張旗鼓地宣揚。其實，在佛洛德的理論裡，男人一切都是以性爲本源的，性代表了男人雄性的力量，性功能正常幾乎代表了一個男人身體是否健康。那麼，男人怎麼可能對這方面的缺陷不保守秘密呢?當男人和自己的女伴談及自己事業成功遊刃有餘時，潛意識裡卻是在說妳與我交往是安全的、有保障的。只不過石器時代談及的是糧食收成和獵取的動物，現代社會卻是金錢和地位。男人這時傳達給女性的弦外之音是我在性方面是非常棒的，而他迷人的女伴這時卻在困惑：「花前月下、良辰美景之時，這傻瓜不說卿卿我我、耳鬢廝磨，卻大談自己在A股市場的縱橫捭闔、叱咤風雲，是不是對我不感『性』趣了？」由此可見，在這個大前提下，男人怎麼可能把自己那方面不行的情況透露給別人呢？那樣的話，無疑是對別人說出自己根本上的弱點，而產生根本上的挫敗。事實上，就算面對自己的私人醫生時，大多數男人在這方面也是遮遮掩掩的。

所以，男人之所以成爲男人，包含了自己的諸多特點，很多與女人好像是來自火星和金星的思維差異，也是有其生理和社會學基礎的。光明磊落的大丈夫不時的遮遮掩掩，也許眞的是有自己的小秘密，或許就是透過脊髓而非大腦的條件反射。

女人最大的不幸在於誤解男人，她們總懷疑男人背後的東西。其實，女人與男人是呼與吸的關係，「呼」是女人自己，而「吸」則是男人。什麼時候女人能從本質上瞭解與男人的關係，女人的獨立與釋放就可能眞正來臨。

男人是容易掌握的，無論有多少假象，只要妳愛他，就可能找到他的法門。女人愛男人會有許多樂趣，透過對男人的愛，還能發現男人背後那個無限的隱密世界。

男人的確是非常複雜多變的「動物」，其一生都在奔波、拼搏。男人爲了體現自

己的價值，會不斷在心中隱密地製造想法。隱密是男人成長的保母，也是滋養男人靈魂的養分。男人沒有隱密心裡會很空虛，會有枯竭感。男人離不開隱密。

男人在政治上和事業上的隱密很有理性，遠不如男人在感情上的隱密有趣。誰都知道，男人見到心儀的女人會很快泛起隱密的柔情，並充滿浪漫的幻想。有些男人還會在一瞬間失去理智，變成傻乎乎的「哈巴狗」。心儀的女人是了不起的核武器，男人一見就即刻自動解除武裝，並會乖乖地調整自己的心態，以最爽、最君子的狀態來與心儀的女人接軌。聰明人知道男人這個關鍵，找他們辦事，總帶個很靚的女人。那些拉保險和拉廣告的就經常使用這一招，儘管男人明白是美人計，但往往情願中招。現在有些報刊也廣泛使用靚女武器來吸引讀者。有趣的是，許多採訪也進入靚女戰。有份刊物想採訪一個知名的「老油條」男人，他們派了個有能力的醜人出馬，結果那「老油條」沒激情，只給了採訪者一份枯燥的檔案，便草草收場。後來他們再讓這個人去採訪，但配了一名靚女助陣。那「老油條」頓時成了鮮麵包，不僅情緒高漲，甚至還無話找話，口水簡直多過茶水。

男人有時隱藏的東西也沒什麼了不起，但他們就是要隱藏。我（我是一名男人，這很不幸）曾追問過自己：隱藏得最深、最久的秘密是什麼？想來想去居然只是一件十分遠久的小事：那是上小學一年級女班長的名字。平時我眞的不願輕易說出她的名字，彷彿那名字很神聖。由於小學曾經轉學，原先班級的同學的名都忘了，但就是死死記著她，眞不知這是什麼情結。男人有些隱密不想別人打聽，否則會很煩這個人，也許這是人性中的一種忌諱。

隱密能增加男人的厚重感，有厚重感的男人眼神很特別。看懂的人能體會到厚重男人的眼神裡的經歷，無論那些經歷是傷痛或愉悅，都是男人自視神聖的歷史。男人不會輕易將自己的歷史告訴別人，除非他接受了妳。女人在男人心中的地位很容易量化：男人給女人錢只能說明願意給些身外之物的東西；但如果男人能將心中的隱密告訴女人，說明男人的靈魂在向女人靠近。當他們的靈魂吻合時，愛情就產生了。

女人很注重男人的心理年齡，事實上，心理年齡的確比生理年齡更重要。如何在一瞬間看出男人的心理年齡？方法很簡單：男人心理年齡約在二十歲，他看女人首先是臉和胸部；如果心理年齡是三十歲，他會先看女人的腰和臀部；心理年齡四十歲，他更喜歡看女人腳和小腿；而心理年齡過五十歲，男人就不敢正視女人，總是偷看女

人的背影。當然，這只是一般男人的心態反應。優秀的男人的心理年齡很模糊，他們有時像小孩子，有時又像老爺。有些男人能在一夕間知道女人的心事，他們是女人的剋星，總讓女人心動不已。他們看女人很立體，不僅看女人的體形，還看女人的氣質，最厲害的還能將女人看透，把女人的靈魂勾出來，與他的靈魂放肆纏綿。女人覺得這種男人很可怕，但又對他們充滿渴望。他們不會讓女人乏味，卻始終令女人感到刺激和危機。這類男人無論怎樣坦白，都讓女人覺得他背後有許多隱密，因爲他們眞的是不斷創意的高手。

男人的確有用情不專的毛病。看見好女人，第一反應便是幻想與這女人相愛的感覺。這種幻想不僅令男人興奮，還讓男人深想是讓她做性夥伴、戀人和老婆？可是當新的更靚的女人出現時，男人就會淡忘上一個興奮點，對新靚女重來一次同樣的遊戲。有句話說得好：女人上街是想買心愛的東西，男人上街卻是想偷看可愛的女人。

有些已婚男人也很奇怪，遇到好女人會將她與自己太太相比。如果這女人對他太有吸引而又冷落他，倒楣的就會是他太太。他回家會莫名其妙地生太太的氣，讓太太成他受挫情緒的代罪羔羊。當然，男人回家生氣也不完全是因爲女人，工作、社交不順也容易使男人生氣。男人喜歡生悶氣，而且特別不願向家裡人訴說生氣的原因。聰明女人要學會讓男人自己去消氣，不要在氣頭上理他，以不變應萬變是對付生氣男人的極高境界。

有些男人在網路上隱密地假裝女人，其實是潛意識裡的雙性反應。現實很難給這種男人多性表現的機會，於是他們只好在網路上玩弄自己的性別。不過裝出來的「網上美女」並不可愛，成熟男人很容易識破他們的把戲。因爲眞女人有著非常純正的女人味，這種女人味無論是以形態或文字來體現，其中的細膩和韻味都是假女人難以僞裝的。假女人在網路上很大膽，會肆無忌憚，「她」學不會眞女人那種本能的含蓄和羞怯。

每個人的隱密都是自己非常珍視的心靈空間，那裡凝聚著人性的眞實。人際關係的最佳狀態，就是相互對隱密空間的突破。孤獨是隱密空間缺少交流的結果，誰都希望問。要想進入別人的隱密空間並不難，惟一的通行證是眞誠與理解。

一言以蔽之，男人需要自己的那份秘密空間，它是蛋殼中的蛋黃，不能打開！即使妳透通過其他先進的高科技透視到了蛋黃，瞭解了蛋黃，但是，請妳裝作不知道……

卅三、權力是男人們的「威而剛」

權力是男人們的性感春藥，對於這一點不管男人們是否承認，其實對權力的追求，眞的是情色因素中的一種。不過所謂權力的性感表現，應該是一種精神的東西，而不能簡單地把它和上司的威嚴或者職務的高低畫上等號。許多夫妻不間斷的床上「爭霸戰」遊戲，就是其生動體現。在性行爲上，喜歡以較爲「蠻橫」的方式進行的男人，一般是有著強烈而執著的權力追求，透過一些手段（包括言語）來感受在性行爲中的掌控權，從而覺得自己很有能力，滿足一己的權力需求。當然啦！夫妻的這種床上「爭霸戰」遊戲，輸贏不是最終結果，圖的是過程中的快樂。

有關的雜誌對此也做了相關調查。克林頓在緋聞纏身時，面對記者的提問，他有些答非所問：「因爲我能！」但是這確實是他的心裡話。

當時，他面對實習生萊溫斯基，只是多瞥了她胸卡上的名字一眼，卻被對方自作多情地誇大爲「他在看我的胸脯！」，陰錯陽差造成了一段孽緣。在這裡，有股神秘的力量在發酵著他們的情懷，那就是權力。權力是很多事情的驅動力，它能在一個人特別是一個男人的內心深處激發出創造的力量，當然這股力量能夠用來做好事有時也能用來做壞事，就像一把普通刀子，既能夠用來削水果也能夠用來殺人，關鍵看人們內心的選擇……

再看看越來越多的政要人物被一些時尚雜誌評爲「最性感的男性」，我們不得不思考權力的「追求」可能正是情色中的一大要素。

因爲對女性而言，性更需要「被動」、更喜歡「被征服」。但是擁有權力的男人會擁有更多的附加値。「權力」讓我收穫了「性」，這是一個男性的自白，田軍，男，三十四歲，現在是某公司總經理。下面是他的自白：談戀愛時，我是老婆的「奴隸」，什麼都對她俯首稱臣，而現在情況大大不同了，這期間，我由一個毛頭小伙子成長爲一個帶領幾千人的公司總經理，所以老婆也不得不對我刮目相看，我發現權力眞是個好東西，讓我獲得了老婆越來越多的愛，因爲我能幹，讓老婆覺得嫁給我很幸福，婚姻幸福了，性生活還用說，當然是越來越好了。對於這樣的事實我不想去評判是對是

錯，因爲在一個「男女平等」的社會誰也不想逆流而上，做一些不合時宜之事，但是有一點可以肯定的是，權力對於男人的附加補充效應是毋庸置疑的！

不過，從另一方面看，所謂的權力卻可以帶給女性或多或少的「享受」。

還是來舉例說明，拿普京和劉德華來說，普京與劉德華的魅力（或者說性感）指數其實是不分伯仲的。女性雖然把「大衆情人」當做第一性偶像，但是所占比例幾乎與「權力男人」及「財富男人」不分上下，可謂三足鼎立。所以長相差一點的男人們不必太憂心，雖說性感最初是感官的東西，外表的重要性無話可說。但女人們往往會由表到裡地發現男人另外一些更可貴的性感因素，比如「成功」，再把它細化，就是「權力」或者「財富」，所以普京與劉德華的魅力指數其實是不分伯仲的。

有一點需要指出的是，男人們對權力的性感效應不太敏感或者是在裝傻。半數的男人發覺俘虜女人心靠的還是感情因素，當然也有近四成的男人相信金錢的魔力，而只有近一成的男人相信權力也是俘虜女人的武器。看來，對權力的性感效應，男人不太敏感或者在裝傻。因爲權力，畢竟是少數人的東西，所以男人們很務實地不看好它或者出於保護自我的潛意識，乾脆裝傻。顯然，男人愛說大話，所以男人大部分認爲，追求權力不是拼性感或者討女人歡心，而是爲了男人的理想或者本性。

權力之於男女作用大相徑庭，有將近三成的男人喜歡在性生活裡征服或者控制對方，在這裡，男人開始暴露出權威的眞面目，喜歡擁有權力、喜歡被崇拜。而權力之於女人，顯然有時候還可能成爲累贅，有將近三成的女人坦誠因爲在婚姻中擁有更多權力處於強勢，會更討好老公。這是傳統文化給男女烙上的不同烙印。

權力其實只是一種精神威而剛，從調查情況來看，發現性與權力無關，要不平民百姓不都沒有了情欲？所以，權力在性愛中的作用其實只是一種錦上添花，是一種精神威而剛。

權力崇拜應該是一種主動的景仰，將近半數的男人並不忌諱太太比自己「強」。而64%以上的女性對上司「職務之便」的性騷擾，表示堅決抵制，而有近20%的人居然笑納這種「恭維」，甚至有少部分人乾脆用性賄賂。其實權力崇拜應該是一種主動的景仰，如果是被動的逼迫，就失去了權力本身的情色魅力了。

男人都會對金錢和權力產生渴望，只是程度不同罷了。舉個簡單的例子來說明，小雪是個女性，今年二十七歲，某公司職員講述了一個自己上網聊天的故事：我（指

小雪）在網路上的暱稱是「少奶奶」，因爲暱稱的原因，我在聊天室裡一發言，男人們一般會馬出現這麼一個回覆：「妳好，我是少爺！」在我看來，男網蟲們如此這般地蜂擁而至，其實是一種對權勢、地位的渴望。有男網友對我說過這樣一個「三段論」：幸福的「少爺」，一定有少奶奶；而少奶奶一定美麗、高貴，「少奶奶」爲自己顯現身分、地位；做個風光的男人，背後則一定要跟著一個風光的「少奶奶」。所以對男人而言，能做「少爺」、「公子」是一件多麼光榮而浪漫的事啊！而爲了這個理想，就得爲金錢和權力奮鬥。取得了金錢、地位，也就相當於獲得了性感春藥——比如「威而剛」。

卌四、男人說「我不想討論這件事」時，他是認眞的

當女人說：「我想我們應該好好談談了。」時，男人們常常會說：「對不起，我不想討論這件事。」那麼，你們又會怎樣做呢？是繼續的糾纏還是安靜的離開？在給妳答案之前我要告訴妳的是，男人說「我不想討論這件事」時，他們是絕對認眞的。

美麗、自信的職業女性結婚之後，也許某一天，會發現自己的丈夫的微妙變化：比如，他以前很關心妳，如今卻對妳突然冷淡了；他以前很在乎妳的情緒，近來卻總是對妳愛理不理；又或者，出差多日的妳想在重逢的夜晚向他傾訴衷腸，可是他卻背對著妳，讓妳覺得他像個陌生人，這樣的時候心理學家告訴我們，丈夫的突然變化多半發生在婚姻生活的頭幾年。愛的激情褪色後，彼此的吸引淡漠了，但雙方還沒有建立起令彼此都十分適應的生活習慣，這時，假如妳還像傳統女人一樣墨守陳規，男人

確實容易見異思遷，妳自己也會因沒有主見而發生判斷的失誤。

假如妳遇到了類似問題，不要心急、不要悲觀、不要想靠迫不及待的發問的方式從男人那裡獲得正確的答案，雖然妳總是企圖找到正確答案，更不要在男人說出「我不想討論此事」時窮追猛打，妳要學會靜心自我反省，從中找出問題的癥結，對於未來的婚姻之路，每個問題的解決都會讓你們更加和諧而彼此適應。

◎第一種情況：丈夫確實有外遇

有人說，面對外遇，職業女性比傳統女性要苦。這話不無道理。因爲職業女性的自我意識比較強，這本身就造就了她們的敏感、易受傷害。其次，職業女性往往比傳統女性更有教養，這使她們過分看重自己的自尊，不願在丈夫面前有失自尊。

這種情況下，假如她們非常愛自己的丈夫，丈夫的外遇無疑會給她們帶來更大的痛苦。所以，學習冷靜地處理問題，在心裡上爲自己找一個妥善的平衡點，對職業女性尤爲重要。

那麼，假如妳的丈夫突然發生了外遇，妳該怎麼辦呢？心理分析：讓妳的教養成

爲妳解決問題的動力

很多時候，良好的教養在發生問題時，往往會成爲知識女性的阻力。這時一定要設法從教養的束縛中掙脫出來，告訴自己，教養應該使我獲得更好的心理素質，並且成爲我解決問題的動力，這樣妳很快就能放下教養的負重，正視眼前的問題，學會以問題爲中心。

1. 冷靜思考，正確判斷

面對丈夫的外遇，任何女人都不易冷靜。但冷靜是妳解決問題的第一步，該怎麼做呢？

(1)不要在當日處理問題

心理學家告訴我們，時間是淡化劑，尤其對突然的「事變」更是如此。這時要設法把問題放在一邊，對自己說：我絕不在當日解決問題，這種自我戒律一方面可以轉移妳的痛苦，另一方面也可以適當地平息妳的憤怒情緒。

或許當時妳怎麼也想像不出，自己怎樣才能挨過這一日。但是，只要今天過去，明天到來，妳一定能大大地放鬆，從新的一天發現妳意想不到的變化。

(2)從想像的離異中體驗現在

很有可能，他的突然出軌傷透了妳的心，使妳無論如何也無法再和他共枕，即使在這時也不要輕易和他分居。儘管大家暫時不能同眠，也要待在他的身邊，哪怕背過臉去，從想像的離異中體驗現在。

想一想，妳已經和他分開了；或者，以後妳每天回家，再也看不到他的存在。也許，這樣的場景可以適當平息妳的憤怒，讓妳找回原先的感覺。即使妳覺得自己已經變冷，也千萬不要過早下結論。俗話說：「一日夫妻百日恩」。只要妳們還在一起，每一個細小的接觸都有可能重新點燃愛的火焰。

(3)以習慣的方式解脫痛苦

從前遇到痛苦時，妳一定有自己習慣的解決方式。那麼，這次還是這樣做，只要妳能暫時解脫，儘量做自己喜歡做的事。比如：外出、購物、找朋友、聽音樂……等。

千萬不要待在家裡苦思冥想。記住，對付痛苦最好的辦法就是暫時關閉思想的開關，努力做一個沒有思想的快樂人，妳就能得到真的快樂。

2.以平和的心態尋找出路

(1)想想丈夫的優點，即使他有外遇，妳能否捨棄他

假如妳想到他的優點時，發現自己無論怎樣都無法捨棄他，妳就要遵從自己的內心直覺。仔細想想，金無足赤，人無完人，假如妳能確認自己真的愛他，就要拿出實際行動，以便證明妳的愛。

(2)想想他的過去，看外遇對他是偶然還是必然

畢竟，妳們夫妻已有一段感情，想想他的過去，可以幫助妳做出眼前的判斷。假如妳發現他的外遇是偶然，最好能原諒他，給他一次悔改的機會；假如是必然，就要問問自己到底要什麼，以便對自己的將來做出打算。

總之，妳是知識女性，無論在哪方面都有自己的獨立。假如在沒有他的情況下妳也能生活的很好，那麼，妳唯一需要考慮和捍衛的就是自己對他的感覺。

(3)儘量不在當時交談

誰也不願在疼痛時去觸動傷疤，同樣，剛剛受傷的你們也不要輕易交談過去的不快。很多時候，夫妻之間需要非語言的愛戀，假如你們能從行動上重歸於好，待傷痕痊癒的一日再彼此交流，所有的痛苦都會變成積極的經驗。

◎第二種情況：猜疑丈夫有外遇

假如妳對他不夠瞭解，或者，由於妳天性過分敏感，妳也會發生判斷失誤的錯誤。那多半因爲妳看他時戴上了有色眼鏡，結果，誤解了他的行爲不說，妳自己也會蒙受委屈和傷害。

假如妳發現自己有上述弱點，該如何避免對丈夫的猜疑呢？

(1)首先問自己：妳還愛他嗎？

只要對他產生了猜疑，妳必須做的一件事就是問自己，妳還愛他嗎？假如妳一時無法回答，不要緊，用不著逼自己。也許是妳對他的猜疑讓妳暫時失去了自己的眞實感受，或者，妳眞的對他已經沒有感覺了，這時不要急於找答案。

先睡一覺，然後從妳可以找到的紀念品中（比如妳們的照片，他給妳買的禮物等）重新追尋過去的腳印。假如過去的回憶能帶給妳溫馨，說明妳的愛還在；假如妳不再感動，就要設法重新選擇。

(2)再問自己：你還信任他嗎？

通常，對情人的態度取決於妳對他的信任。只要有信任，即使發生了問題妳都能找到出口；假如沒有了信任，任何細微的變化都會在妳的放大鏡下成爲問題。

而且，對人的信任是不該猶豫的。沒有信任，妳大可不必強顏歡笑；假如妳眞的信任他，就要遵從自己的感覺。

(3)檢討自己的言行

假如妳對他發生了猜疑，最好能自覺檢討自己的言行。也許是妳的言語傷害了他，或者，是妳不得體的行爲使他暫時對妳疏遠。沒有關係，夫妻過日子，免不了磨擦，只要妳找到了問題的癥結，接下來的步驟就是積極地消除誤解。

(4)防止他人中傷

有時候，他人的中傷也會造成妳對他的猜疑。雖然妳一直信任丈夫，有時也難免發生輕信他人的弱點。這時需要兩種判斷：一是要搞清楚肇事者的來歷，二是要弄明白他（她）搬弄是非的原由。

記住，有時，正是因爲你們太好了才會遭到別人的嫉妒，這種情況下，妳對他人的謠言就更要小心謹愼；或者，也有可能是妳的丈夫和他（她）有過過節，不管誰對、

誰錯，只要妳還愛丈夫，就要設法幫助他度過難關。

(5)也許是妳不夠瞭解他

之所以發生對他的猜疑，也許是妳眞的對他不夠瞭解。這也沒有關係，有時，眞正瞭解一個人需要時間。假如妳發現了自己的失誤，不要自責，也不要急於向他表白。只要你們仍然彼此相愛，所有的誤解都會自生自滅。

◎第三種情況：妳的行爲讓他厭煩

有時候，他並沒有發生外遇，他的突然變化全是因爲妳的行爲讓他厭煩。這時假如妳還愛他，就要設法檢討自己的言行，看看究竟是什麼問題讓他突然改變。這裡的要素是：千萬不要逼問他，更不要指責他對妳的偏見。記住，只要妳對他還有愛，就要本著「我們」的態度去調節彼此，爲了你們的未來幸福，自我批評是最好的出口。

(1)假如妳太過自我

太過自我是知識女性的優點也是缺點。也許，妳的工作需要妳盡情的發展自我，以顯示妳的魅力和光彩。但是，假如妳無形中把工作的優越感帶回家，就有可能招致丈夫的反感。

也許他就是有點大男人主義，或者，身爲男人的他還是希望妳小鳥依人，只要妳對他心中有愛，千萬別計較他的「計較」。記住，對於相愛的彼此，重要的永遠不是誰占上風，而是你們相互的愛與和諧。

(2)假如妳太過強勢

假如他在某些方面確實不如妳，妳的過分強勢一定會招致他的反感。這時適當地收斂妳的鋒芒和光彩，妳的謙遜反倒容易贏得他對妳的愛戀。畢竟，妳之所以選擇了他總有妳的道理，加上，人的短處往往包含著其他的長處，缺點也包含著另外的優點，只要妳在家庭生活中感到幸福，身爲女人的妳照顧一下丈夫的自尊對妳一點也不過份。

(3)假如妳太過獨立

雖然誰也不能否認妳的獨立，面對著妳的情人，最好也不要處處自作主張、目中無人。記住，「夫妻」的同義詞不是「我」而是「我們」，只要時刻把「我們」掛在心頭，妳盡可以做到把獨立的魄力獻給工作，把商量的「妥善」留給丈夫。

(4)假如妳太過冷漠

誰都知道妳聰明過人，從小就有一副孤傲的性格；或者，妳從小備受寵愛，習慣了別人對妳的關注。但也不要忘記，既然嫁給了自己喜歡的人，就要有爲人妻的責任。假如妳在二人世界裡還是一味坐享其成，即使妳心裡對他沒有什麼不好，妳「天性」的冷漠也會讓他覺得，身爲女人的妳缺少溫情。

知道了自己的問題，聰明的妳一定能儘快地走出錯誤中，讓情人回到妳的懷抱。畢竟，妳將來很可能還要做媽媽，所以勞動技能的培養對妳不是壞事，而且，各方面的自食其力才是知識女性的美德。一言以蔽之，男人們大多時候是很固執的，除非他想和妳討論某事並自己認爲有那個必要的話，他才會那樣的做。於是妳和男人適時的溝通是必要的，在適時溝通中討論妳想討論的事乃是一個絕妙的方法。適時溝通夫妻才能和睦。在社交藝術中，有一條經驗爲：沈默是金。而家庭內，特別是夫妻間，如果也「不苟言笑」，或感到「無話可說」，那妳就得警惕了：兩個人的關係是不是出現了危機。

娶老婆，除生兒育女繁衍後代外，還有一個重要的好處，那就是半夜時分，兩個人各抱一個枕頭，說「枕邊話」。話題不受限制，身心放鬆，含情脈脈，卻又自由自在。有些話與朋友、同事或上司進行交流，可能成爲壞話、性騷擾或阿諛奉承……但夫妻間小聲密談，卻是一種享受、一種親密的溝通。

所謂坦誠相見，不交談怎麼體現？交談讓對方知道自己心裡在想什麼，也從對方的言談中，瞭解她的需要、渴求，甚至憂慮。用心交談，比接吻質樸、深遠，娓娓敘來，一種「同謀」的感覺，使得兩人更感性地領略到什麼叫「知心」、什麼叫「戰友」……

曾見過兩個女人在吵架，其中一個像潑婦一樣，聲情並茂地謾罵對方。而另一個卻微笑地看著她，一聲不吭，除了微笑還是微笑。想不到，那「潑婦」看她這神態，更是氣極敗壞、語無倫次。「不說話」成爲吵架的利器，從另一個意義上證明，人們是很渴望對話的。一對原先不分彼此的男女，如果到了無話可說，或有話不說的地步，那無疑是在受罪。有一個美國人，叫邁克，他曾追求過一個女孩，費盡心機，最後兩個人結婚了，但此時邁克的心裡只有恨，他覺得曾經的「久攻不下」，只是因爲女方的故意刁難，所以便產生了一種畸形的報復心理。而他的報復手段很簡單，就是結婚五年來，他堅決不與妻子說一句話。當他妻子再也無法忍受這種「令人窒息」的家庭

氛圍時，她向電視臺記者曝露了自己老公的殘酷報復行徑。在「全國人民」的聲援下，她終於和丈夫離了婚。她解放了，而這解脫的標誌，即可以找另一個人分享「悄悄話」……

家庭是語言的垃圾箱，也是言語的後花園，好話、壞話、情話、笑話，幾乎什麼都可以與另一半一起面對，這是一種信任，也是一種抒情。妳可以對老公說「討厭」，但對男同事就不一定可以說；你可以叫老婆「貓兒」或「狗兒」，但對朋友這麼稱呼，不是顯得太肉麻，就是不禮貌。更重要的是，夫妻夜談，可以消除誤會，比如老公下班回來，給妻子一個擁抱，敏感的妻子從他身上聞到一種香味，於是她就想：肯定是與哪個狐狸精擁抱過……

越想越氣，越氣越不想說話，最後只好大吵一場。試想，如果當時能捏一下老公的臉，說：「你身上沾了哪一個女人的香水？」她老公一定會笑著告訴她，是辦公室的一位同事故意把香水灑在他身上，讓他回去「不好交待」……這純粹是一個玩笑，但因爲回家彼此不說，結果誤會加劇，戰爭爆發。眞應了那句俗話：「燈不點不亮，話不說不明。」

一對夫妻，在報紙上看到一則拍賣廣告，對其中的一幅畫都很滿意，當時，他們都決心買下來，但都沒和對方說。拍賣當天，會場上人山人海，他們兩人分別進入會場。在幾次舉手投標後，妻子發現有人跟她爭拍，便一鼓作氣，不斷叫價，最後以超過底價五倍的價錢買下了這幅油畫。結果散場時，妻子才發現，那個競爭對手竟是自己的丈夫。

不久前，日本一家人壽保險公司做了一次調查，發現日本夫婦每天通常會交談一小時五十分鐘，對此，他們覺得奇怪，日本夫妻每天竟有這麼長的時間在交談。後來經過進一步證實，才發現那不是「交談」，大多數情況下，是妻子在嘀咕，丈夫只是偶然點頭或「哦唔」一聲而已。調查還發現，日本丈夫和太太的談話主題有三大項，就是「吃飯」、「洗澡」和「睡覺」。對此，日本有位婚姻專家分析指出，日本離婚人數越來越多的一個原因，就是日本夫妻的「交談」次數越來越少的緣故。

如此看來，夫妻間的感情接觸，其中有一條途徑隨時隨地都可以做，那便是談心，當然，是指兩個人都談，它比做愛簡便易行，比跳舞細緻深入。

卅五、男人也有週期，妳知道嗎？

親愛的女士們妳們知道嗎？男人同樣也有週期，請妳幫助他們輕鬆度過。「例假」似乎是女人的專利，但實際上，男人也有「例假」，男人們每過一段時間總有幾天表現出意志消沉、精神不振、焦慮、易發火、抑鬱等，甚至還帶有某種身體的不適，如口腔潰瘍等。只是因爲男人們在「假期」中的表現不是那麼明顯，也不那麼規律，不易被人發現而已。

男人有週期？答案是肯定的。男人的週期是脫離，在這段日子裡，他會疏遠自己心愛的女人，獨自走向遠方。

妳若不瞭解男人的週期，愛情會在這個時候遭受到莫名其妙的週期的沉重打擊。女士們會發現，在沒有任何明顯理由下，妳心愛的男人每隔一段時間，突然就會疏遠自己。他好像很冷淡，甚至不願意跟自己的女人說話，總是躲在一邊，或者看書、看電視。當妳努力接近他時，他的反應會令人難以接受。他躲閃，甚至會大聲說：「走開，讓我清靜一會兒。」如果妳以爲愛情就此結束，那就錯了。事實上，這是男人的週期性脫離。這既非他的錯，也非我們的錯，而是生理規律的錯！

男人在「週期」裡的常見表現：

1. 口舌生瘡，牙齦腫痛，甚至長了口腔潰瘍；
2. 食欲不振，即便美食也不爲所動；
3. 排便失去規律，坐便時間延長；
4. 總是坐著看書，但總把書翻來翻去；或者看電視，把電視臺轉來轉去，總找不到想看的東西；
5. 變得冷淡，甚至冷漠，見了妻子或女友也不再有甜言蜜語。當她們試圖接近他時，他感到不習慣；
6. 說話的節奏和語調變得快慢不均，聲音低沉，言語不清，甚至可能伴有口吃；
7. 不時地發火，或爲一些莫名其妙的小事憂心忡忡；
8. 眼神黯淡無光，似乎總在迴避什麼，而且顯得很脆弱；

9. 總是獨自抽著悶菸，而且不時長長地喘粗氣；

10. 總顯得很不耐煩，變得急躁；

11. 看起來有些羞怯、鬱鬱寡歡、悶悶不樂；

12. 拿筷子或勺子的手變得有點發抖，菜或湯灑落在餐桌上；

13. 「性趣」大減。

此外，男性在「假期」還可能有的症狀包括：頭痛、失眠、過敏、磨牙、反胃、嫉妒、背痛、脖子僵硬等等。

然而，即使這不長的「假期」有時也有相當的危險蘊藏其中，那麼當男人例假來時，該怎麼辦？

1. 讓男性自由一下，爭取自己恢復過來。

2. 在這段時期，許多男性都會伴有身體方面的病痛。爲了儘快結束「假期」妳應該建議他們適當使用藥物治療。

3. 結交知心的男性朋友，男人與男人之間的相互支持和幫助，對於結束「假期」有莫大幫助。

4.身爲男人也要主動尋找緩解壓抑情緒的方式，調節自己。必須儘量避免因自己的過錯而傷害別人，哪怕這種傷害是無意的。

5.參加平時愛好的活動，透過鍛鍊可以使身體內激素分泌恢復，使大腦中興奮性神經遞質適當增加，從而儘快進入正常狀態。

6.如果在「假期」裡這種情緒比較嚴重，自己難以調整過來，必須找心理醫生去諮詢，調整。

想像你的手中正拿著一條橡皮筋，現在開始將它向外拉，拉到一定長度時，它只能彈回來，再也不能拉長了。男人應被拴在這條橡皮筋的一端，當他離開一定的距離後，也會以很大的力量和彈性回縮。男人永遠是需要獨立的，他們滿足了對妻子親密的需求後，就開始覺得很需要獨立自主，需要有自己的自由空間。這個時候不要試圖把他拉回來。女人應該利用這段時間做些本來自己曾想做的事情，給他自由，讓他向稍遠的外太空游離。相信一切都會順利，他一定能夠自己回來。

女人要記住，男人被拴在橡皮筋的一端，而另一端卻攥在妳的手裡，只要不超過彈性限度，他們最終還是會回到妳的手心……

卅六、男人會「自慰」，如果妳不介意

要正視男人的自慰行爲——《金賽性學報告》極端地告訴我們，男人每六秒鐘就有一次性幻想。當他們目光滑過一個性感的脖子，或者地鐵裡的熱辣廣告牌、或者高樓上一團曖昧的燈光、或者聞到一陣莫名的香水氣味……都會微微合一下眼，體會那瞬間的快感。

他們性幻想的主要方式之一，是「連環故事」。那是一篇小說似的東西，情節因人而異。故事以一件偶然事件開端，本人成爲故事的主角，然後逐漸推演，終於變成一篇永久必須「且聽下回分解」的故事。

一場性幻想不一定會成爲自慰的前奏，但可能自動地招致色欲亢進，甚至帶來性高潮。

有一位妻子在一次偶然的機會看到丈夫在自慰，於是產生了很強烈的厭惡感，甚至覺得丈夫是變態、是流氓。其實，無論男人還是女人都可能會有自慰行爲，而且婚後也不一定就會消失。通常男人的性欲較女人更強烈一些，如果他在妻子那裡得不到滿足，偶爾還會採取自慰的方式來解決問題。只要不是很頻繁，這種行爲不應受到指責。身爲妻子應該正視這一點，主動加強與丈夫的溝通、配合，以期達到更和諧的境界。

許多男性在婚後仍改不了自慰的習慣，令女性朋友大惑不解。請不要以爲「自我安慰」只是寂寞十七歲時才有的行爲，其實，就算有圓滿性生活的成年男子，偶爾還是有自慰的衝動。

一般女性發現丈夫自慰的第一個反應是——吃驚。比較缺乏自信的女人會擔心「我對他已經沒有吸引力？」、「他不再愛我了嗎？」、「我不能滿足他了嗎？」……類似的疑惑漸漸形成一股巨大的壓力。有些女性還會因此而深深自責，認爲自己沒有盡到妻子的責任。

紫雲某夜醒來上廁所，聽見丈夫在裡面自慰發出呻吟聲，不解、吃驚、自責伴隨她整夜，情緒百般起伏。雖然明知丈夫辦完事會回到她身邊躺下，卻不確定他的心是

否還在自己身上？

在航空公司做地勤的玉蓮丈夫是個精力旺盛、需求頻繁的人，她則因爲輪三班制，每隔幾天就必須有一天遲歸。有時候凌晨回到家，發現先生等不及她回來就自行解決了，內心既痛惜又氣憤。

精力過人的楚松經常做過一次後想要換個姿勢再來，卻不忍心吵醒已進入夢鄉的太太，只好自己動手

從女人的觀點而言，婚姻幸福並且有美滿性生活的男人，似乎是不該有自慰的念頭或行動的。

但是站在男性的立場，自慰並不值得大驚小怪，如太太懷孕接近生產期時，幾乎好幾個月不能「圓房」，若不靠自己解決，就很可能發生出軌事件。

其實，由於生理結構的不同，男性自十七歲至十九歲期間精力最旺盛，性衝動十分強烈。大部分的男子在那個階段已經習慣以自慰的方式來自我紓解，漸漸地變成他們面對壓力或焦慮時平衡心緒的方式之一。對男人而言，自慰可以很自在、很方便地發洩掉一些積鬱在內心的東西。做愛，則是比較互動的、需要配合的一種活動，其目

的也比較多元化，從滿足自我、取悅對方、到傳宗接代，不像自慰的目的直接而單一，只是發洩而已。

一言以蔽之，可愛的妳不必爲男人的自慰行爲大驚小怪，當然妳也不必去鼓勵之，那不過是正常的心理反映，但是，還是盡可能的少做爲妙，他們需要的是妳更多的幫助。

卌七、男人爲什麼對妳的「安全語言」那麼吝嗇，妳的安全在哪裡？

女人的安全感究竟應在哪裡著陸？生活中的女人永遠不會忘記無時無刻尋求男人給予的「語言安全」的機會，「你愛我嗎？」、「我這件衣服看上去怎麼樣？」、「我的耳環好看嗎？」、「我今天的氣色怎麼樣？」……這樣的語言生活中的女人一刻也不會忘記。妳們（指女人們）在尋求什麼？一句話，你們在尋求使妳倍覺安全的「安全語言」。男人們爲什麼這麼吝嗇，我只想獲得他幾句安慰的話、贊同之詞、誇獎之言。可是，他們卻一點都不想給妳。

還是來讓我們講述一個故事吧！不管戀愛手冊上如何大談特談心裡的安全感，月兒硬是執著地認爲，只有語言能帶給她實質的安全。月兒是家中的獨生女，從小嬌生慣養，還養成了凡事必須被誇獎的習慣，就這樣從小到大月兒在一片讚揚聲中長大，幾乎沒聽過什麼批評，直到交了男朋友，月兒一點沒有難爲情地告訴男友自己是多麼愛聽男人的讚美，原本花心的男友也就順著月兒的索性把她誇得心花怒放。

然而，再會演戲的男人也有謝幕的時候，自從月兒開始了爲人妻的生活，她發現原本能言善道的男友在做了老公之後，突然變得沈默寡言了，不但不再誇她，反而是無言的冷漠和漫不經心的嘲諷成了她的折磨。沒有了「說」愛的感動，月兒整日六神無主，因爲找不到心裡的安全感，自己的平衡器處在一片紊亂中……

還是讓我們在此對月兒的心理進行深入地分析吧！

1. 妳（指女人們）理應深省語言的欺騙性，尤指男人的語言……

語言固然能給妳眞誠的表達，也有不可告人的欺騙性。這是因爲，人不但天生會說話，還天生會表演，尤其對那些有目的的人。語言的表達原本是言爲心聲，但如果他的聲音不是發自內心，就有可能是他懷有欺騙目的而導演的作秀。

2. 眞愛不在嘴上，在行動！如果妳是一個愛的行動者一定會懂，眞愛不在嘴上，在行動。

如果妳用這樣的標準衡量男人，行騙者就很難在妳面前得逞。比起行動，說話總

歸是容易的事，如果一個人只說不做，妳就有理由對他的愛產生質疑，如果他做得好卻什麼也不說，如此的厚道才是一個人應有的品德。所以，身爲一個女人，如果妳想找一個厚道的情人，擇偶旅途中應該牢記「不聽其言，觀其行」的原則。

男人並不是不想給妳語言安全，他們也不是吝嗇，只是覺得沒必要，儘管他們在追求妳的過程中曾經那樣做過，但是這不代表，他們願意那樣做，更不暗示他們以後還會那樣的做！

現實的男人是幼稚的，他們爲了生活工作，完成責任他們又不得不強裝成熟，他們很累了，爲了自己的健康他們選擇了「語言控制」，這就是他們吝嗇的起因。

請記住，只要他是愛妳的，妳就是幸福的，語言的外殼任他們處置吧！

卅八、即使男人對他的母親不好，妳也該對她好

母親是男性生命中第一個眷戀的「異性」，母親給了他們生命和最偉大的母愛護，他們即使對她不好，儘管他們有充分的理由，總之那是他的母親，他們有責難自己母親的道理，在他們看來是這樣，而妳，他所愛的女人，妳和母親是平等的，妳應該對他母親好，尤其是妳和他母親關係處理不當的話，甚至母親受到妳惡意的批評，一定會大大地傷害他的感情。

被夾在丈夫和婆婆之間的妳，一定要學會和婆婆相處的技巧和藝術，這樣妳的情人會更加的愛妳，並感覺妳很善良、融洽、得體。他們會更加覺得選擇妳做老婆是他們一輩子的正確選擇，「親愛的，我愛妳」的語言不會再是在妳的吹問下的僵硬的應酬語言，而成了男人們眞實的內心感情表達！

那麼究竟妳應該怎樣對待婆婆，怎樣的處理算是妳對婆婆好呢？（當然好與不好要丈夫說了才算）妳需要瞭解以下法則：

1. 相互尊重與諒解

婆媳之間的相互尊重要求雙方有事要全家協商處理，如經濟開支、如何教養第三代等，養成民主家風；而屬於個人的「私事」，則應互不干涉，個人享有「自主權」。

身爲媳婦，要多尊敬婆婆，因爲婆婆年歲大，管家或教孩子的經驗豐富；做婆婆的也不要總是在媳婦面前擺架子，要看到媳婦的長處，多尊重媳婦的意見，特別是教養孩子的問題。也就是說雙方要相互配合、彼此尊重。婆媳長年生活在一起，難免會發生一些不協調的事情，這時就更需要雙方相互諒解。我們的前輩在處理人際關係中所提倡的「設身處地」、「以己度人」、「己所不欲，勿施於人」等原則，都包含著諒解的思想，是處理人際關係的「金玉良言」，當然也完全適合於處理婆媳關係。

2. 有分歧時迴避矛盾，禮讓爲先

婆媳之間一旦發生摩擦，不管孰是孰非，身爲媳婦的一定要先忍讓，千萬不可針鋒相對。婆婆說什麼，只管聽著，等事後雙方都心平氣和了，再探討矛盾的起因與解決方法。這樣一來，婆婆面子十足，今後也會想辦法來彌補過失，而妳在婆婆眼中更是一個識大體的好媳婦。

此外，婆媳雙方平日有了意見，切忌向鄰居、同事或朋友亂講。中國民間有一句俗語：「揹東西越揹越少，揹話越揹越多」，說的就是「傳話」在人際關係中的不良作用。婆媳失和，向親朋鄰里訴說，傳來傳去，面目全非，只會加劇矛盾。身爲婆媳，應引以爲戒。

3. 物質上孝敬、情感上交流

上了年紀的人，感情相對脆弱，怕孤獨、愛嘮叨。身爲媳婦的，如能與婆婆多聊些家常、多做些家務，多買點老人喜歡吃的東西，會極大地安慰老人那顆孤苦之心。除了物質上孝敬之外，還應注意和婆婆的感情交流，消除心理上的隔閡。因此，做媳婦的平時要經常向婆婆噓寒問暖，每逢老人身體不適，更需悉心照顧。特別是碰到教養孩子方面的問題，做媳婦的不管如何做，都應該向婆婆通報一聲，讓婆婆也有滿足感。

4. 發揮兒子的仲介作用

婆媳關係本來就是親子關係與夫妻關係各自的延伸而形成的一種新的家庭人際關係，兒子在婆媳關係中扮演著「仲介」角色。

兒子可以幫助婆媳進行心理溝通。例如平時家中有什麼關於婆婆的好事，兒子可以多叫妻子出面，母親過生日，買了東西叫妻子出面送給老人等。這些策略都有助於婆媳之間的情感交流。

婆媳之間發生矛盾時，兒子可以發揮疏導作用。由於婆媳之間既缺少母子間的親切，又沒有夫婦間的密切，因而出現了隔閡往往不容易消除，透過兒子從中周旋，可以消除心理屏障，使婆媳和好如初。

5. 不妨借鑒一下（學習下述案例：婆媳之間地盤之爭的故事）愛佳（一個女人的名字）和婆婆的故事

以前和婆婆住在一起的時候，我們夫妻的房間在二樓，我們夫妻上班出門時，我想說，反正都是一家人嘛，也無須鎖房門。

但是晚上下班的時候，卻發現我化妝台的東西，有被人動過的痕跡，整齊多了，沒有早上出門時的凌亂。我第一個想到會不會是小偷，可是仔細看，並沒有什麼東西不見，所以肯定不是小偷。家裡也沒有別人，那十之八九就是婆婆了。

這時候我覺得很不舒服，好像完全沒有隱私一般，我們的棉被疊得整整齊齊的，和早上匆忙出門時亂成一團絕對不一樣、我隨意擱在椅背上的睡衣，也好端端的吊在衣架上、垃圾桶的垃圾被倒過了、地板被擦過了、窗簾也整齊的束起，一切都很整齊。

大概是婆婆好意進來整理我們的房間，可是我不喜歡這樣。所以第二天出門的時候我就把房門鎖了起來。這一鎖可不得了了，差點鬧出家庭革命。婆婆說：「鎖著房門是防誰啊？我會去偷你們的東西嗎？」

慘了，我的反應竟然讓婆婆誤會了，趕緊唆使老公要他背黑鍋：「是我早上出門不小心按下了鎖頭，媽，妳太多心了。」

當晚我就要老公把保險套藏好，確定是他老媽不會發現的地方，不是我以小人之心度君子之腹，換做是任何人，這種事情也不想叫人發現吧？

隔天出門我就不敢再鎖門了。晚上回到家，婆婆的臉色不錯，我馬上上樓查看，果然，棉被又疊好了、睡衣又掛好了、垃圾又倒完了、窗簾又束好了、地板又擦過了。

喔！老天！我的臉出現了小丸子的黑線。這該怎麼辦呢？

我靈機一動，爲什麼不反其道而行呢？她愛整理，就讓她整理。

隔天早上出門前，我拆開一枚保險套，隨意放在床頭櫃上，然後關上房門就出門了。那天下班我回到房間裡，看到那情況我好高興。可能是婆婆一路整理，我看到棉被疊好了，可是枕頭套卻沒有鋪好，可能是她正要鋪的時候，看到床頭的保險套，一時受到驚嚇就奪門而出，除了棉被疊好之外，連房門也忘了關。

晚上我們要上樓睡覺的時候，婆婆叫住我老公，我忍住快要狂泄而出的笑聲，快步跑上樓。老公稍後回到房間，笑著說：「妳眞的把老媽嚇壞了。」我說：「她如果不進我們房間不就不會看見了嗎？」老公說：「我也是這樣跟她說。」

從此，婆婆不常進我們房間，只是呑呑吐吐老半天，要我每天出門要記得整理一下。其實，婆婆待我極好，但是婆媳問題並不是因爲相處不來才會產生，很多時候是因爲習慣不同、觀念差異，導致一點點誤會或誤解，如果沒有即時處理，恐怕問題會日益擴大，而終至崩潰瓦解。

我不喜歡婆婆侵犯我們夫妻的隱私，雖然沒有什麼見不得人的東西，但是我就是不喜歡。如果我只是敢怒而不敢言、只是每天回家看到整齊的房間就生氣，晚餐吃飯時也繃著臉，不只自己難過，全家人也覺得莫名其妙。

可是這種事情也不能明說，會傷她老人家的心，其實她也是好心要幫我整理房間，因爲我們還沒結婚以前，都是她在整理的，她做習慣了也不覺得不妥啊！

運用一點技巧或是陰謀，雖然彼此沒有點破，但也是心照不宣，從此天下太平。

我本來還有更壞的打算呢！如果婆婆出乎我意料之外的心不慌意不亂的把那個保險套清理掉，我還想了一個妙招。不過這個妙招英雄無用武之地，妳有沒有人遇到這類問題？我倒是非常樂意提供解決之道呢。

總之，上文對婆媳相處藝術介紹了不少，不再贅述。僅想強調的是不論妳的丈夫怎樣的對待他的母親，這不代表妳也能夠那樣的做。可愛的女士，妳需要無條件的善待婆婆，相信以後妳的媳婦也會這樣對妳……

後序　一個老生常談的話題——男女有別

男人因「傻」才可愛；女人爲可愛才「傻」，這句話最能夠突顯我的文章要義，男人和女人有時都需要些許的傻，但是他們傻的時機和方式卻有著天壤之別。我想這也許就是大家常常談到的男女有別吧！

對於男女有別，這是個亙古及今老生常談的話題，有的人是這樣界定男女有別的，當然好像帶有很多的調侃味道，但是，我們也不妨用心體會：男人搞不懂女人時，就去從事政治；女人搞清了男人時，才去從事政治。男人愛說大話；女人愛聽謊話。男人打扮是給女人看的；女人打扮是給其他女人看的。男人在戀愛中最蠢；女人在戀愛中最美。男人從事文學就是事業；女人從事文學就是彰顯文采？男人靠權力來吸引人，並爲此窮極一生；女人靠美貌來吸引人，並爲此醉生夢死。男人甘心死於石榴裙下；女人甘心死於過去的記憶。男人想盡方法改寫歷史，千古留名；女人千嬌百媚改造男人，千古留名。男人因爲不變而頑固；女人因爲善變而難測。

男人總是無時無刻注意女人；女人總是無時無刻注意不看男人。漂亮的男人喜歡被女人賞識；漂亮的女人喜歡孤芳自賞。男人的學問是無形資產；女人的容貌是有形資產。但同爲資產。男人虛僞時大談道德；女人虛僞時大講貞節。男人最搞不懂的是女人；女人最搞不懂的是自己。醜男人苦讀書來美化自己；醜女人窮打扮來裝飾自己。男人發言是用嘴巴在說話；女人發言是用眼睛在說話。男人在一起總是先談論女人漂亮不漂亮，再談論她有沒有錢；女人在一起總是先談論男人有沒有錢，再討論他帥不帥。男人被女人玩弄；女人被虛榮玩弄。男人的偏見由腦而生；女人的偏見由心而生。前者可糾正，後者無法糾正。男人爲事業而流淚；女人爲愛情而流淚。男人最愛撿名利；女人最愛撿便宜。男人天生自以爲是；女人天生猶豫不決。男人老來有魅力；女人老來有氣無力。男人想要幸福要有大志；女人想要幸福必要國色天香。多數的男人，談美女人，議論女人，最後娶醜而惡的女人；多數的女人，愛帥男人，喜富男人，最後嫁醜而貧的男人。上天總愛捉弄人。自認爲瞭解女人的男人，往往都娶不到鍾情的女人；自認爲瞭解男人的女人，往往都委身於臭男人或孑然一身。男人流的汗叫臭汗；

女人流的汗叫香汗。

　　男人快樂時往往哈哈大笑；女人快樂時往往喜極而泣。男人喜歡自己的女人被其他男人愛慕；女人喜歡自己的男人被其他女人欣賞。男人總是制定制度來約束女人，卻總是約束不了；女人總愛鑽制度的罅隙來確定自己的位置，卻不像男人那樣自己做主，制定制度。男人騙女人用的是花言巧語；女人騙男人用的是搔首弄姿。男人中論得上英雄的少之又少；女人中論得上美女的多之又多。男人因爲爭權勢而勾心鬥角；女人因爲爭男人而苦索思量。男人征服了世界，惟獨征服不了女人；女人征服了男人，正在努力征服世界。男人面貌的缺陷用女人不懂的哲學來掩蓋；女人面貌的缺陷用誘惑男人的肉體和脂粉來掩蓋。一個男人若親近很多女人，我們說他輕薄；一個女人若親近很多男人，我們稱她爲交際花。男人一生爲權力用心；女人一生爲兒女用心。男人的衣飾，數十年一變；女人的衣飾，一夕間變。男人有財有勢時去玩弄女人；女人有財有勢時去折磨男人。男人中多書呆子；女人若無相貌缺陷、精神異常，極難死讀書的。男人會因一時興起而結婚；女人會爲了綁住男人而結婚。男人喜歡對不愛的女子冷漠；女人喜歡對愛的男人熱情。男人總是懷疑自己女朋友的忠心；女人總是懷疑自己男朋友的鈔票咤男人女化是不瞭解女人而做的傻舉；女人男化是想進入男人世界的無奈之舉。男人登徵婚啓事是資金過剩；女人登徵婚啓事是考察市場。男人之財，多送給女人；女人之財，多留給兒女。

男人大事上精明，小事上糊塗；女人大事上糊塗，小事上精明。男人越成熟越喜歡稚嫩的女人；女人越成熟越渴望權力。男人不靠外表吸引女人；女人多靠外表吸引男人。眞正的男人絕不故意矯情；眞正的女人絕不調脂弄粉。男人多情；女人多心。男人在女人面前裝可憐，以打動芳心；女人在男人面前裝可愛，以軟化雄心。少男喜可愛的女人，中年男人喜可親的女人，老年男人喜可口的女人；少女喜活潑的男人，中年女人喜活力的男人，老年女人喜強健的男人。男人無錢時去當牛郎；女人無錢時去做「二奶」。男人著破衣，遭衆輕視；女人著破衣，遭衆憐惜。男人是泥做的；女人是水做的。男人總不敢哭，因爲「男兒有淚不輕彈」；女人總是不想哭也哭，想哭就放聲大哭，因爲「自古紅顏多薄命」。男人的名聲，多半是被女人糟蹋；女人的名聲，多半是被自己糟蹋。男人要騙女人，女人大半會上當；女人要騙男人，男人全軍覆沒，無一漏網。男人學問大的，多是窮酸，易受女人輕視；女人學問大的，多是閨

秀，易受男人敬畏。男人應酬女人費很大的心思；女人應酬男人不費吹灰之力。男人對討厭的女人保持沈默；女人對討厭的男人破口大罵。男人中沈默的一群是野雉！女人中沈默的一群是魔鬼。無情的男人，多爲風流型；無情的女人，多爲絕情型。男人容易被女人的美色迷倒，而忘記她的言語；女人容易被男人的言語迷倒，而忘記他的外表。慣聽女人話的男人，是糊塗的；慣聽男人話的女人，是愚蠢的。平庸的男人在女人面前總是裝神秘；平庸的女人在男人面前總是毫不保留的把一切展示。

男人若愛一個女人，必說「我愛你」，勇於去追求，一針見血；女人若愛一個男人，卻說「我不愛你」，處處去刁難，遮遮掩掩。男人作文章多以女人爲素材；女人作文章多以眼淚爲素材。男人浪漫是給女人看的；女人浪漫則是天生的。男人第一次接吻不太在乎自己的感受，在腦裏揣想那片接觸自己的櫻唇有沒有被其他男人吻過；女人第一次接吻永生難忘，並細細回味。男人是自燃品；女人是易爆品。男人越有錢越墮落；女人越有錢越空虛。男人越放蕩不羈越有魅力；女人越放蕩不羈越讓人鄙夷。男人越老越糊塗；女人越老往往越聰明。男人喜歡用無知來襯托自己的有知；女人喜歡用醜陋來襯托自己的美貌。這就是爲何陽春白雪的男人總是要平民化，與大眾打成一體，而美女總是與醜婦人成爲好朋友。男人認眞說愛時，只是半分的愛；女人認眞說愛時，必是十分的愛。男人是愚物；女人是怪物。所以男人一般在愛情裏不善表達，而女人在愛情裏則吹毛求疵。男人爲好女人而去拚搏事業；女人則爲擺脫男人而去拚搏事業。男人在結婚後失去自由；女人在結婚後獲得重任。男人看了這篇文章後必自慚形穢；女人看了這篇文章後必顧影自憐。

確實，男女有別，男女各有自己的優點和缺陷，他們在很多方面都不同程度的表現著自己的特色，妳不能說做女人好，正像妳不能說做男人好一樣。他們是一個銅幣的兩個方面，彼此不能分離更無法進行比較……，當然在本書中我僅向妳介紹了這枚銅幣的一個面，那就是男人，我只想讓妳——我親愛的女性，更好的深省男人，從而爲妳們的生活增加更多的幸福、更多的快樂。值得一提的是男女彼此的無知會創造更多的痛苦和不幸。

彼此的無知釀成孤獨的男人和痛苦的女人……一有機會我會寫些關於女性方面的書，以免使我的觀點顧此失彼，我是個力求完整的人，好吧，下面還是讓我們談一些男女有別的話題吧！力求談得更深走得更遠。

也有人說：女人怕老，卻越怕越老；男人怕輸，輸的卻往往是男人。當妳和妳愛的男人年年歲歲在一起生活的時候，除了讓他感受妳的眞心，還要讓他感受妳的快樂。妳還需要瞭解如下的道理：

◎一、男女確實是有很大差別的

女人一般不害怕她們熟識的男人，相反，男人害怕最熟識的女人。女人怕老，卻越怕越老；男人怕輸，輸的卻往往是男人。女人總是希望她是他的最後一個女人；男人總是希望他是她的最初一個男人。男人提出離婚，往往是他已經不喜歡他的妻子了；女人提出離婚，往往是她知道丈夫已經不喜歡她了。男人以交談爲目的，到明白即止；女人以談話爲過程，常常絮叨沒完。對於女人，甜言蜜語固然有助婚姻美滿，但不如按月繳上薪水袋來得管用；對於男人，洗衣煮飯固然有助婚姻，但不如始終輕言細語來得有效。

男人喜歡給予他關心並時時掛念他的女人，喜歡接納忠實和給予他支持的女人。他們希望妻子「始終與自己站在一邊」。但男人不希望妻子過於依賴他，整日在他面前眼淚汪汪，因爲他承受不了這種感情的負擔。對很多男人而言，女人的楷模應該是溫柔賢淑，甚至蕩婦也不失爲女人。可是女人如果不小心成了女強人，那她在男人的眼裡就不是女人了。於是男人總是趁機將家務大量多地交給女人，巴不得女人因此荒廢了事業。他們渴望妻子屬於他們，卻不希望被久久地「圍困」。男人喜歡和諧的夫妻關係，討厭爭吵，討厭大喊大叫和歇斯底里。他們渴望家裡有一種溫馨、美滿的氣氛，這樣，他們就可以以最佳的狀態，帶著旺盛的精力，衝進世界，接受並面對來自各方的挑戰。如果一個女人只爲錢或性與他保持關係，他會清楚地知道，這個女人沒有「與自己站在一起」。當然，並不是說，女人需要向男人付出，如果妳眞的愛他，妳應該成爲他生活中不可或缺的一部分，並與他同甘苦共患難。男人不僅很高興爲情人帶來幸福和歡樂，還願意知道他給她帶來高興。因此，當妳和妳愛的男人年年歲歲在一起生活的時候，除了讓他感受妳的眞心，還要讓他感受妳的快樂。男人需要女人，卻不大善於表達情感，無論他是多麼的愛妳。「我愛妳」這三個極其簡單的字，他常常也很難表達出來。而女人應當學會透過男人的所作所爲、男人進家時臉上的表情，來瞭解和認識對方的情感與愛意。有多數男人，總不由自主地把富有深情的話埋藏在

心裡。生活中，即使他不曾對妳說：「我愛妳！」如果他緊握妳的手，如果他對妳深情地凝視，如果他需要妳，你也可以說：「我愛妳！」

◎二、男女有別，那妳就不該總是按照自己的思想推測和思考男人。

男人常想入非非地把女人比作一本本風格迥異的書，而且他們始終自信的是：某本書耐看不耐看，只需瞄一眼其封面裝幀便知其內蘊的高低和優劣。由此可見，「風韻猶存」的女人，若想拴住「好色」男人的心，還真得在外包裝上下一番苦功。男人很難將自己的注意力限定在一個女人身上，他們經常會透過眼球不斷搜尋各類讀物和表演者，來獲得視覺享受、感受新鮮、滿足性幻想。這也許是許多男人在這方面的天性。如果男人本身缺乏自制能力，他就很可能變成花花公子。就像孔雀總喜歡在亮色面前展現漂亮的尾巴一樣，男人大多也喜歡在漂亮的女性面前侃侃而談或大獻殷勤。

一個公司裡若來了一個漂亮女孩，那肯定是會受很多男士的關照的。沒錢的男孩會玩些請吃霜淇淋、打保齡球的遊戲，而年長一些的有錢男人則會開一輛轎車帶女孩去有情調的高級餐廳吃大餐、看豔舞，哪怕最後不能得手也沒關係，至少他的生命中又多了一件可以吹噓的逸事。許多男人都有渴望情人的毛病，在這一點上，成功的男人和不成功的男人一樣。

男人找太太的標準是溫順賢淑，最好還缺少個性。而對情人的標準則是聰明、漂亮，且風情萬種，這種女人一旦遭遇分手情變，一般不會死纏爛打，比較容易脫手。這也就說明了爲什麼很多情人難成眷屬，從一開始，入選標準就不一樣，這也可以看出許多男人的陰謀。許多男人希望全世界的女人全是風情萬種的情婦，除了自己的太太。男人決心追求情人時常常會有許多的承諾，或許諾婚姻、或許諾金錢，其實現代男人常常把「家裡紅旗不倒，外面彩旗飄飄」的生活方式當作是一種身價，也是對自己辛苦人生的一種慰勞，女人若是不明瞭這一點，一意孤行地要男人兌現諾言，那是會大大失望的。聰明的女人最好不要對這些男人抱有奢望，或者乾脆離他們遠一點，否則多半是自尋煩惱。男人還喜歡女人撒嬌。撒嬌其實也是妻子對丈夫深愛的一種能量釋放，而丈夫也由此領略到一種被深深愛著的心理的高度滿足和自豪。而妳透過撒嬌這種方式感染他、提示他，令他愈發具有一種責任感、使命感，從而會加倍呵護妳、寵愛妳，以此加深你們夫妻間的感情。男人貪吃佳餚。俗話說，女人愛穿、男人好吃。

如果妳能在日常生活中，爲夫君做上幾道拿手好菜，熬一鍋十分講究的湯，那麼，男人下班後，除了必要的應酬，肯定會急著趕回家裡，與妻兒共進晚餐，以享受家庭的那份舒適與溫馨、自在與隨意，還有大飽口福。試想，男人能經常按時回家，外人可鑽的機會少了，妳的婚姻能不牢固和堅實嗎？

最後再給妳一點建議！要保持婚姻的美滿、家庭的活力，女人還要特別注意避免下面最易犯的錯誤。

1.在男人沒有請求的情況下，女人試圖以提供忠告來改善男人的行爲或幫助他。女人以爲這樣是給予愛，但男人不僅沒感受到愛，反而可能覺得對方再也不信任他。

2.試圖以分享他的難過或消極感覺來改變或控制他的行爲（分享感覺很好，但不要試圖操縱或處罰他），男人會覺得她沒有接受一個完整的他。

3.不感激他爲她做的事，卻抱怨他沒爲她做的事。這樣會給男人造成錯覺，以爲她不感激他的努力。

4.將男人當小孩，經常糾正他的行爲，告訴他該做什麼，男人就會覺得她不懂得讚美他。

5.間接地以修飾過的問題來表達難過，問：「你怎能這樣做？」男人就會覺得她沒有肯定他，自己再也不是一個好人。

6.當男人做決定或採取主動時，女人糾正或批評他。男人只會認爲她沒有鼓勵他按自己的方式做事……

我眞不想就這樣結束我的這些文字，心裡好像有一種感覺：一切都是剛剛開始且意猶未盡，總覺得好像剛開了個頭卻又要結尾，很不願意也很「狼狽」。但我一直試圖告訴妳的是：男人就是男人，永遠不像妳想像或設想的那樣，妳必須從男人的角度去思考男人，這也許就是男女有別的道理。

國家圖書館出版品預行編目資料

男人不想讓女人知道的38個秘密／李意昕著.
－－第一版－－臺北市：宇河文化 出版；
紅螞蟻圖書發行，2005〔民94〕
面 ； 公分－－(Woman's Life；10)
ISBN 978-957-659-515-8（平裝）

1.兩性關係

544.7 94015005

Woman's Life 10

男人不想讓女人知道的38個秘密

作　　者／李意昕
發 行 人／賴秀珍
總 編 輯／何南輝
文字編輯／林芊玲
美術編輯／林美琪
出　　版／宇河文化出版有限公司
發　　行／紅螞蟻圖書有限公司
地　　址／台北市內湖區舊宗路二段121巷19號(紅螞蟻資訊大樓)
網　　站／www.e-redant.com
郵撥帳號／1604621-1 紅螞蟻圖書有限公司
電　　話／(02)2795-3656（代表號）
傳　　真／(02)2795-4100
登 記 證／局版北市業字第1446號
法律顧問／許晏賓律師
印 刷 廠／卡樂彩色製版印刷有限公司
出版日期／2005年 12 月　第一版第五刷
　　　　　2016年 4 月　　　第十一刷

定價 220 元　　港幣 74 元

ISBN 978-957-659-515-8　　Printed in Taiwan